Kristina Pezzei

Verkaufen können wir selber!

Wie sich Landmenschen ihren Laden zurück ins Dorf holen

„Agrarkultur im 21. Jahrhundert“

Herausgegeben von der Schweisfurth-Stiftung

Bislang erschienen:

Anita Idel: **Die Kuh ist kein Klima-Killer!** Wie die Agrarindustrie die Erde verwüstet und was wir dagegen tun können (2010, [4]2012)

Franz-Theo Gottwald: **Esst anders!** Vom Ende der Skandale. Über inspirierte Bauern, innovative Handwerker und informierte Genießer (2011, [2]2012)

Kristina Pezzei

Verkaufen können wir selber!

Wie sich Landmenschen ihren Laden zurück ins Dorf holen

Metropolis-Verlag
Marburg 2013

Umschlagfotos von Volker Derlath und Kristina Pezzei

Bibliografische Information Der Deutschen Bibliothek
Die deutsche Bibliothek verzeichnet diese Publikation in der Deutschen Nationalbibliografie; detaillierte bibliografische Daten sind im Internet über http://dnb.ddb.de abrufbar.

Metropolis-Verlag für Ökonomie, Gesellschaft und Politik GmbH
http://www.metropolis-verlag.de

ISBN 978-3-89518-978-4

Inhalt

Herausgebervorwort

Die Schweisfurth-Stiftung fördert seit 1985 das Bewusstsein für den Wert von lebendigen Lebens-Mitteln, die im Wortsinn „Mittel zum Leben“ sind. Die Qualität von Essen und Trinken wird ganz wesentlich von ökologischen, sozialen und kulturellen Werten geprägt. Diese Werte bestimmen das selbst entwickelte Leitbild einer nachhaltigen, ökohumanen Agrar- und Ernährungswirtschaft, das als konzeptioneller Hintergrund der Stiftungstätigkeit dient und die zentralen Bedingungen und konkreten Lösungsansätze für eine zukunftsweisende Entwicklung benennt.

Ein nachhaltiger Umgang mit allem Lebendigen hat kulturelle Grundlagen. Die Schweisfurth-Stiftung setzt deshalb auf eine Vertiefung, Erweiterung und Erneuerung von agrar- und ernährungskulturellen Impulsen im 21. Jahrhundert. Ihre Projekte zielen darauf, Werte zu identifizieren, die es Wert sind, an die nächste Generation weitergegeben zu werden. Dazu gehören der Erhalt der Biodiversität bei Pflanzen und Tieren, ökologische und physische Gesundheit beim Boden-Pflanzen-Tier-Mensch-Komplex, die Förderung des Tierwohls, der sozialen Fairness, intergenerationalen Vorsorge und Gerechtigkeit.

In der vorliegenden Reihe „Agrarkultur im 21. Jahrhundert“ kommen Autorinnen und Autoren zu Wort, die eine verantwortungsvolle und zukunftsgerichtete Werthaltung vertreten. Anhand konkreter Fragen des Anbaus, der Verarbeitung und der Vermarktung von Lebens-Mitteln überdenken sie, welchen Wert moderne Gesellschaften agrarischen und ernährungswirtschaftlichen Tätigkeiten beimessen müssten, damit es nachhaltig gut auf dem Planeten Erde weitergehen kann.

Klar ist, dass ein „Weiter wie bisher“ ausgeschlossen werden kann. Die in der vorliegenden Reihe herausgegebenen Werke sind deshalb lösungsorientiert und praxisnah verfasst. Sie zeigen auf, was alles, wie und unter welchen Bedingungen anders laufen sollte, um die folgenschweren Schäden des agrar-industriellen Systems zu überwinden.

Die VerfasserInnen nehmen dabei neue Perspektiven ein. Im vorliegenden Band bildet sich diese durch das Erkunden von Nahversorgung in

Dörfern und ländlichen Regionen. Aus den erforschten Beispielen werden Möglichkeiten wie Grenzen von Dorfläden sichtbar. Verschiedene Ökonomien und Ökologien der kurzen Wege, lokales Unternehmertum, Kooperationen und die Koordination von vielseitigen menschlichen Vermögen sind, neben anderen mehr, Erfolgsfaktoren für das Erstarken einer neuen Bewegung in Deutschland, der Dorfladenbewegung. Faszinierend sind die vielfältigen realen Abhängigkeitsverhältnisse vor Ort. Wohltuend ist es, das Thema der Versorgung einmal nicht oder nur kaum aus der Perspektive der Finanzwirtschaft oder des Welthandels zu beleuchten, sondern mit dem Blick auf „Nah und gut", und im Rahmen von wenig mehr als einem Kilometer Fußweg. Reichhaltige soziale Wertschöpfungspotenziale werden freigesetzt bei einer ladnerischen Wiederbelebung des Einkaufens und einer damit einhergehenden, neuen Verlebendigung von Dorf-Begegnungs-Stätten. Ganz offenbar ein gangbarer Weg in die Zukunft einer nachhaltig agrarkulturellen Entwicklung in vielen Kommunen des ländlichen Raums.

Die Schweisfurth-Stiftung dankt dem Metropolis-Verlag für seine aktive Mitwirkung an der Verbreitung dieses Kulturwissens! Vor allem dankt sie den Autorinnen und Autoren der Reihe, dass sie sich der Aufgabe stellen, ihr Fachwissen allgemeinverständlich zu erschließen.

Auch im 21. Jahrhundert lassen sich viele Potenziale für kulturelle und zivilisatorische Entwicklungen im Leben auf und mit dem Lande finden. Diesen Entdeckungszusammenhang zu fördern und an möglichst viele Mitdenker und Mitmacher zu vermitteln, ist Absicht der Reihe.

Für die Herausgeberin der Reihe „Agrarkultur im 21. Jahrhundert", der Schweisfurth-Stiftung danke ich der Autorin dieses Buchs, Frau Kristina Pezzei, herzlich für das gelungene Werk!

Prof. Dr. Franz-Theo Gottwald
Vorstand

Vorwort – Nahversorgung ist Lebensqualität

Dorfladen – wer das Wort liest, kann sich wohl nur schwer den Bildern und Gefühlen von Heimat, Kindheit und Geborgenheit entziehen, selbst als geborener Städter. Dass sich die aktuelle Dorfladenbewegung nahtlos in die neue Sehnsucht nach Regionalem, Selbstgemachtem und Gemeinschaftlichem fügt, zeigt nicht zuletzt das große mediale Interesse für die Geschichten von aufrechten Bürgermeistern, mutigen Einzelkämpfern und wackeren Gemeinschaften, die ihre Dörfer aus eigener Kraft mit einem Geschäft wiederbeleben. Doch die modernen Dorfläden allein als Reaktion auf den Wunsch nach heiler Welt oder der Idyllisierung des Ländlichen abzutun, greift zu kurz. Viel eher antworten diese Läden auf die gegenwärtigen demographischen und infrastrukturellen Probleme ländlicher Räume. Nach Angaben des BBSR (2012) geht seit dem Jahr 2000 die Bevölkerung in zwei Dritteln der ländlichen Gemeinden der Bundesrepublik zurück; in Ostdeutschland schrumpften in den Jahren 2005 bis 2010 sogar 90% der Gemeinden. Doch nicht erst der Demographische Wandel hat ländliche Räume infrastrukturell ausbluten lassen. Erhöhte Mobilität und veränderte Konsummuster haben bereits vor vielen Jahren den kleinen Lebensmittelgeschäften auf dem Land den Garaus gemacht. Auch Kindergärten, Schulen oder Jugendheime waren längst nicht mehr allen Orts verfügbar. Von Unterversorgung auf dem Land oder Einbußen in der Lebensqualität hätte wohl in den 1990er-Jahren dennoch niemand gesprochen. Was hat also in den vergangenen 15 Jahren zu einer veränderten Wahrnehmung der Situation geführt?

Unzweifelhaft sind die Folgen des Demographischen Wandels in vielen Landstrichen nicht mehr zu übersehen und für die Bewohner mittlerweile auch deutlich spürbar. Die Schulwege für Kinder werden länger, der ÖPNV verkehrt lediglich noch zu Schulzeiten, die Wartezeiten für den Facharzt betragen Monate und der Amtsbesuch in der Kreisstadt wird zur Tagesreise. Die schnelle Alterung der Bevölkerung, die durch den Wegzug der Jungen beschleunigt wird, zeigt auch die Grenzen der Solidarität auf. Dort, wo die Kinder erwerbsbedingt fortgezogen sind, fällt die Versorgung Hochbetagter schwer. Nicht selten halten Senioren am Autofahren fest, um sich das letzte bisschen Selbständigkeit zu bewahren – obwohl ihre Fahrtüchtigkeit eigentlich nicht mehr gegeben ist. Für alle anderen bleiben hilfsbereite Nachbarn und mobile Händler, wenn diese denn noch kommen.

Das anfangs unbemerkte Schwinden der Infrastruktur verursacht jedoch nicht nur Versorgungsengpässe, sondern lässt auch den öffentlichen Raum zunehmend brach liegen. Ladenlokale stehen leer, Arztpraxen verwaisen, Kirchen werden nur noch zu besonderen Anlässen genutzt und der Chor singt schon lange nicht mehr. Gastwirtschaften, Schulen und Vereinsheime sind soziale Orte, Treffpunkte der Kommunikation und des bürgerschaftlichen Engagements, Identifikationspunkte einer dörflichen Lebenswelt. So schwächen nicht nur Geburtenrückgang und Alterung, sondern auch der infrastrukturelle Rückzug die traditionellen ländlichen Vergemeinschaftungsformen wie sie in Vereinen, Gastwirtschaften und Kirchen seit Jahrhunderten gelebt werden. Vielen Dörfern kommt ihre soziale Mitte abhanden.

Kristina Pezzeis Buch berichtet sodann auch nur vordergründig von den unterschiedlichen Formen der neuen Tante-Emma-Läden, vielmehr stellt sie Menschen und Modelle vor, die sich nicht mit dem Verlust der sozialen Mitte ihrer Dörfer abfinden wollten. Die daran glauben, dass auch das Leben im ländlichen Raum lebenswert bleiben kann. Letztlich spielt es keine Rolle, ob die Gemeinde sich für einen DORV-Laden wie in Jülich-Barmen, das MarktTreff-Modell aus Schleswig-Holstein oder einen Einzelunternehmer entscheidet, um wieder eine wohnortnahe Grundversorgung auf die Beine zu stellen. Wichtiger ist, dass sich Menschen treffen und eine Idee entwickeln, wie sie in Zukunft zusammenleben wollen. Aus diesem Grund geht es eben nicht um eine alleinige Versorgung mit Lebensmitteln, sondern um eine an den Bedürfnissen der lokalen Bevölkerung orientierte Nahversorgung.

Eins wird in dem vorliegenden Buch ganz sicher deutlich, es braucht Zugpferde, die den Wagen ins Rollen bringen, doch alleine gelingt es auch diesen Aktiven nicht, den Laden zum Laufen zu bringen bzw. am Leben zu halten. Es bedarf der finanziellen wie tatkräftigen Unterstützung der Dorfbewohner. Sicher müssen nicht alle Feuer und Flamme für den Dorfladen sein, auch werden nicht alle ihren gesamten Bedarf dort decken, aber eine breite Unterstützung muss gegeben sein. Dabei hängt es nicht einmal von der Größe des Dorfes ab, wie Otersen mit seinen wenig mehr als 500 Einwohnern und seinem überaus bekannten und erfolgreichen Laden zeigt. Jedes Dorf muss *seinen* Dorfladen finden. Trotz aller Unterschiedlichkeiten eint (erfolgreiche) moderne Dorfläden, dass nicht der finanzielle Gewinn, sondern neue Lebensqualität und ein neues soziales Miteinanders im Vordergrund stehen.

Barmen und Otersen sind nicht überall. Kristina Pezzei geht auch den holprigen Anfängen, dem schwierigen Überleben und den gescheiterten Versuchen einzelner Dorfläden nach. Wo lange Arbeitslosigkeit, kleine Einkommen, schwindende Infrastruktur und geringes bürgerschaftliches Engagement die sozialen Bande schwächen und Misstrauen antreiben, wird es schwer für bürgergetragene, aber auch von Einzelnen geführte Dorfläden. Dies betrifft vor allem Regionen, die bereits in anderen Bereichen vielfach benachteiligt sind. Unzweifelhaft ist es wünschens- und erstrebenswert, dass sich Dorfläden auf lange Sicht selbst tragen und zumindest eine schwarze Null schreiben, aber letztlich ist es auch eine politische Entscheidung – wie der Fall Schleswig-Holstein mit seinen MarktTreffs zeigt – wie mit benachteiligten Regionen umzugehen ist und wie ländliche Lebensqualität erhalten werden soll.

Längst weist die Dorfladenbewegung weit über sich selbst hinaus, denn bereits heute sind viele Stadtteile in Großstädten ebenfalls von einem Ausbluten der Nahversorgung betroffen. Wenn die Autorin von einer älteren Frau in einem brandenburgischen Flecken zwischen Berlin und Schwedt erzählt, die während der Woche eine Einkaufsliste zusammenstellt, mit der sie ihre Tochter am Samstag zum Einkaufen schickt und die Tochter dafür aus dem 250 Kilometer entfernten Leipzig angefahren kommt, dann erinnert mich dies sehr an ein Erlebnis, das ich im vergangenen Jahr in Berlin hatte.

Vor einigen Jahren habe ich mir eine Wohnung in Berlin-Lichterfelde, einem gut bürgerlichen Stadtteil im Süden der Stadt gekauft. Als Alterswohnsitz. Seit mehr als sechzig Jahren lebt in dieser Wohnung eine vor einigen Jahren verwitwete Dame, die nun bald das neunzigste Lebensjahr erreicht. Frau W. kommt allein gut zurecht, nur mit dem Laufen klappt es nicht mehr so reibungslos. Ebenso geht es vielen ihrer hochbetagten Nachbarinnen. Lichterfelde ist nicht ganz zu Unrecht als ein Stadtteil bekannt, in dem ältere Damen allein in großen Gründerzeitwohnungen leben. Im vergangenen Jahr sind jedoch meine Träume für den selbstbestimmten Lebensabend im Herzen Berlins jäh zerplatzt. Bei einem Besuch in der Lichterfelder Wohnung habe ich bemerkt, dass nicht wie sonst frische Blumen und ein Obstteller auf dem Tisch standen. Ich habe nachgefragt und musste, was mir der Gang über den Hindenburgdamm ohnehin schon verraten hatte, erfahren, dass der fußläufig erreichbare Supermarkt geschlossen hat. Zudem ist nun auch die Apotheke zu und viele andere kleine Handwerksbetriebe in der Nähe. Bloß der Bäcker an der Ecke existiert noch. Die nächste Einkaufsgelegenheit ist nun nur noch mit dem Bus zu erreichen. Das will und kann Frau W. sich jedoch nicht mehr zumuten. Die Kinder von Frau W. leben in einer weit entfernten Großstadt in Süddeutschland und im Ausland, so bleibt nichts anderes übrig als auf die tätige Unterstützung lieber Nachbarn zu zählen. Auch für die nahezu gleich alten Nachbarinnen ist die Schließung des Lebensmittelgeschäftes ein herber Verlust. Auch Frau B., eine 92-jährige Nachbarin, die zunehmend schlechter sieht, den Weg zum Supermarkt aber noch antreten konnte, ist nun auf den freitäglichen Einkauf durch ihre Tochter angewiesen. „Wissen Sie", sagte mir die zierliche Frau auf der Treppe, „dann ist halt alles frische Obst und Gemüse am Mittwoch aufgebraucht und ich muss den Rest der Woche aus der Dose leben." Schlagartig wurde mir bewusst, wie sehr die Schließung des fußläufig erreichbaren Supermarktes und der Apotheke das Leben der Lichterfelder Witwen, die hochbetagt, altersbedingt gesundheitlich eingeschränkt, aber rüstig ihren Alltag selbstbestimmt gestalten, verändert hat. Ihr ohnehin in den vergangenen Jahren immer weiter eingeschränkter Lebenskreis hat sich von einem Tag zum anderen nahezu auf die Wohnung zusammengezogen und die Abhängigkeit von anderen aufs Äußerste gesteigert. Es nutzt den Damen auch gar nichts, dass der Bus nur fünf Minuten zum nächsten Stadtteilzentrum fährt, denn allein wagen sie sich nicht mehr dorthin.

Der demographische Wandel, der mit einer Schrumpfung der Bevölkerung bei gleichzeitiger Zunahme der Hochbetagten einhergeht, zwingt uns über neue Formen des Zusammenlebens und der täglichen Versorgung nachzudenken. Dies geht Hand in Hand mit der Frage nach den zukünftigen Lebensbedingungen in sozial, geographisch und demographisch peripheren Regionen. Denn das infrastrukturelle Ausbluten ganzer Regionen und Stadtteile benachteiligt die immer gleichen: Kinder, Erwerbslose, Alte. Wer dieser Entwicklung nichts entgegen zu setzen hat, fügt und bescheidet sich. Doch die Initiatoren der modernen Dorfläden wollen sich nicht länger mit dem „immer weniger“ an Konsum-, Dienstleistungs- und Kommunikationsangeboten abfinden. Mit ungeheurer Tatkraft, Mut und Zähigkeit haben sie sich gegen bürokratische Hürden gestemmt, finanzielle Unwägbarkeiten überwunden, unermüdlich Mitstreiter gesucht, Zwischentiefs und Niederlagen eingesteckt, aber stets mit der festen Überzeugung weitergemacht: Nahversorgung ist Lebensqualität.

Claudia Neu*

* *Claudia Neu* ist Professorin für Allgemeine Soziologie, insbesondere Methoden empirischer Sozial- und Marktforschung sowie Ernährungssoziologie an der Hochschule Niederrhein, Mönchengladbach.

„Auch in kleinen Orten gibt es Einsamkeit.“

(Jón Kalman Stefánsson,

„Sommerlicht, und dann kommt die Nacht“)

Einleitung – Warum dieses Buch entstanden ist

In Sandau muss man schon anhalten, um die Tristesse des Leerstands zu begreifen. Neben dem Rathaus mit seiner bröckelnden Fassade, verschämt in eine Ecke des gepflasterten Platzes gedrängt, siecht ein Flachbau vor sich hin. Durch die schmutzigen Scheiben sind verstaubte Regale zu erkennen, zwei Tiefkühltruhen stehen frei im Raum. Das Gebäude war zu DDR-Zeiten ein Konsum, später eine Kaufhalle, jetzt hat es geschlossen. Früher haben sich die Menschen beim Konsum getroffen. Jetzt sind ein paar in der freiwilligen Feuerwehr organisiert, der Rest trifft sich „allein zu Hause vor dem Fernseher", wie eine Frau feststellt.

Sandau ist kein besonders dramatischer Fall, auch keine spezifisch ostdeutsche Entwicklung; in Gegenden Oberfrankens, am Harzrand und in Nordhessen sieht es kaum anders aus. Egal ob Ost oder West, Nordseeküste oder Voralpenland: Viele Dörfer haben keine Mitte mehr. Sie sind in wohlhabenden Gegenden vor allem zum Schlafen da, in ärmeren Gebieten verstecken sich die Arbeitslosen hinter Gardinen und Hoftoren. Diese Orte sind keine eigenständigen Gemeinschaften mehr.

Doch – oder gerade deswegen – sind in den letzten Jahren gallische Dörfer auf der Landkarte aufgetaucht, die sich dieser Ödnis widersetzen. Und es werden immer mehr: In hunderten Ortschaften haben sich Menschen zusammengetan, die ihrer Heimat wieder einen Treffpunkt und eine Möglichkeit zum Einkaufen geben wollen. Mehr noch, sie binden oft auch eine Postannahmestelle, eine Bankfiliale oder ein Reisebüro ins neue Zentrum ein – eben all das, was es auf dem Dorf seit längerem nicht mehr gibt.

Viele dieser neuen Tante-Emma-Läden haben Bürgerinnen und Bürger in Eigenregie initiiert und organisiert. Inzwischen unterstützen Kommunalvertreter häufig solche Initiativen. Berater haben sich auf die Branche spezialisiert und Lieferanten Vertriebswege für Kleinsortimente entwickelt. Entstanden ist dieser Trend jedoch ohne Aufforderung von Politikern, ohne Unterstützung der Wirtschaft: Aus passiven Konsumenten sind aus eigener Kraft aktiv gestaltende, handelnde Menschen geworden. Viele von ihnen sind Vorbilder weit über ihr Dorf hinaus.

Dieses Buch stellt mehr als 20 Beispiele für neue Nahversorgungsangebote auf dem Land vor, bei denen solche Bürgerinnen und Bürger die Hauptrolle spielen. Es stellt damit die aktuelle Entwicklung eines gesellschaftspolitisch bedeutsamen Trends dar – auch für Herausforderungen abseits der Nahversorgung.

Gleichzeitig will es anderen Menschen Mut machen, Neues zu wagen. Es möchte Impulse setzen und andere inspirieren. Wie genau, das möge jede Leserin, jeder Leser für sich entscheiden. In diesem Sinne: Viel Vergnügen!

Was ist Nahversorgung?

- Das Institut für Ökologische Wirtschaftsforschung definiert nah als bis zu 1000 Metern Fußweg
- Eine Definition gibt es nicht
- Auch, was die Versorgung beinhaltet, ist nicht klar: Geht es dabei nur um Milch, Brot, Käse? Oder auch um Post, Apotheke und soziale Dienste? Wofür ist der Staat (noch) zuständig, und was gibt er an Dritte ab?
- Auf dem Land fährt mehr als die Hälfte der Bevölkerung mit dem Auto zum Einkaufen.
- 20 Prozent gehen zu Fuß
- Umfragen belegen, dass die Menschen am liebsten alles auf einem Fleck bekommen – wie es im Dorfladen möglich ist

Koberg, Gülzow
Otersen
Sandau
Bernau
Altreetz
Hirschfelde
Berkenbrück
Seddin
Abterode
Neunheilingen
Barmen
Datterode
Aachen-Preuswald
Düren-Grüngürtel
Böhlen
Hallstadt
Deusmauer
Harthausen
Gelting
Frabertsham

I.

Die Gemeinschafter

Läden, die Bürgerinnen und Bürgern gehören

– Otersen –
„Wer weiter denkt, kauft näher ein“

Pionierleistung in Niedersachsen

An sonnigen Sonntagnachmittagen ist auf der Parkfläche vor dem Otersener Dorfladen kein Platz für Autos. Kreuz und quer stehen Fahrräder herum, Gefährte mit Packtaschen, Kinderanhängern, Körben vor dem Lenker und auf dem Gepäckträger. Es hat sich in der Gegend herumgesprochen, dass der Dorfladen nun ein Café hat. Dass es dort am Sonntag Kuchen gibt. Selbstgebackenen Kuchen, gar nicht teuer. Außerdem kann man in der Sonne sitzen und den Ausflug mit einer Radtour an der Aller verbinden. Die Kinder spielen im Hof, die Erwachsenen sitzen auf den Bänken vor dem Dorfladen; und mancher Otersener schaut vorbei und wundert sich über das neu angefachte Leben in seinem Örtchen. Kinderkreischen und Stimmengewirr, das war in den vergangenen Jahrzehnten selten geworden in dem 520-Einwohner-Dorf an der Aller.

Günter Lühning freut das. Nicht etwa, weil er Sozialromantiker wäre und eine neue Dorfidylle heranwachsen wähnt. Ein volles Café am Sonntag ist vielmehr ein wichtiges Umsatzpolster für den Laden – eine Querfinanzierung für graue Winterwochentage, wenn außer dem Nötigsten wenig eingekauft wird. Lühning ist der Kopf hinter dem Dorfladen Otersen, den die Bewohner lange vor der bundesweiten Welle gründeten. Er würde das natürlich nie so sagen, er verweist stets auf die Gruppe im Ort, das Team, die Bürger. Faktisch aber hätte es den Dorfladen ohne Lühnings Hartnäckigkeit und sein Fachwissen nie gegeben. Und wenn, wäre er womöglich längst pleite gegangen.

Der Laden liegt zurückgesetzt an der Durchgangsstraße, die das Ortsbild bestimmt. Davor stehen Aufsteller mit den aktuellen Angeboten, die für Autofahrer gut sichtbar sind. In den Backsteinbau sind Fenster bis zum Boden und eine große Glastür eingelassen, ein Nebengebäude schließt sich an; das Geschäft erinnert an einen Bauernhof mit integriertem Hofladen. Innen stoßen Besucher auf ein Holzregal mit Moselweinen,

Honig vom lokalen Imker und Infoblättern aus der Region. An der Obst- und Gemüseabteilung sowie der Frischetheke mit Kasse läuft man vorbei in den hinteren Ladenteil. Dort stehen handelsübliche Regale mit Dauerwaren, die 180 Quadratmeter Ladenfläche schließen hinten mit einer Getränkeabteilung ab. Alles ist hell, freundlich und übersichtlich gestaltet. Büro und Aufenthaltsraum für die Verkäuferinnen sind so angeschlossen, dass die Mitarbeiter in den Laden schauen können. Zum Café und der Küche geht es durch eine Seitentür. Im Obergeschoss wohnt eine Familie zur Miete.

Das Haus ist ein Neubau. Der ursprüngliche Laden war deutlich kleiner und lag 150 Meter weiter die Straße hinunter. Lühning war Filialleiter der Verdener Sparkasse, als die Betreiberin des letzten Lebensmittelgeschäfts in seinem Heimatdorf ankündigte: Ich mache zu. Noch vor der Umstellung auf den Euro, sagte die betagte Frau, wolle sie ihr Geschäft aufgeben. Es hat sich nicht mehr gelohnt, da kam das Ende der D-Mark als Zäsur recht. „Wir hatten genau ein Jahr Zeit", erinnert sich Lühning mehr als zehn Jahre danach. „So viel konnten wir der Dame abringen." Was sie tun wollten, konnten, das wussten sie nicht. Die Otersener arbeiteten als Angestellte, Lehrer oder eben Bankberater in der nächstgrößeren Stadt Verden oder in Bremen, keiner war gelernter Einzelhandelskaufmann. Geschweige denn Landwirt mit Erfahrung im Direktvermarkten von Lebensmitteln; die Bauernhöfe waren aus Otersen nahezu komplett verschwunden. Dorfläden, die als Ideengeber hätten dienen können, gab es Anfang des 21. Jahrhunderts kaum.

Aber es gab „wir", die Gruppe. Sie hatte sich etwa zehn Jahre vorher gegründet, als Otersen knapp eine Million D-Mark Fördermittel für die Dorferneuerung erhalten hatte. „Das war die Initialzündung", sagt Lühning. „Wir haben wieder gelernt, unser Schicksal in die eigenen Hände zu nehmen." So spricht der stattliche, gesetzt wirkende Mann mit akkurat gestutztem Bart tatsächlich: Druckreif, geschult, in einem Tempo, das das Mitschreiben erleichtert – zehn Jahre Aufmerksamkeit für den Dorfladen haben ihn zum Medienprofi gemacht.

Einen Gemeinderat gab es damals schon nicht mehr, der wurde mit der Gebietsreform 1972 geschluckt. Lühning und eine Handvoll Bewohner, die bereits in Vereinen organisiert waren, gründeten einen Arbeitskreis; in dem überlegten sie, was sie mit dem Geld für die Dorferneuerung machen wollten. Sie beschlossen, das alte Schulgebäude zu sanieren und die Turnhalle so auszubauen, dass der Sportverein mehr Kurse als zuvor anbieten konnte. Künftig sollte es Aerobic, Step und Body Pump geben, inzwischen sind Yoga-Kurse der Renner. Aus den 120 Mitgliedern im TSV Otersen sind 280 geworden. Als Geld übrig war, ließ die Arbeitsgruppe den Kindergarten erweitern. Die Grundschule war 30 Jahre zuvor geschlossen worden.

Otersen ist ein geordnetes, sauberes Straßendorf. Die für die norddeutsche Gegend typischen wuchtigen Backsteinbauten ziehen sich die Straße entlang. An Stichstraßen stehen kleinere, neue Einfamilienhäuschen mit rasenbepflanzten Vorgärten. Eine richtige Mitte gibt es nicht, an den Enden verliert sich die Siedlung in mächtigen Mehrseithöfen. Otersen stand zur Jahrtausendwende nicht vor dem völligen Leerstand oder der sozialen Verwahrlosung; immerhin gab und gibt es Arbeitsplätze im 15 Kilometer entfernten Verden, wo der Mars-Konzern Katzennahrung herstellt. Außerdem liegt Bremen nicht allzu weit entfernt, auch dorthin pendeln Dorfbewohner. Die Arbeitslosenquote im Landkreis liegt zwischen sechs und sieben Prozent; als die Otersener in den 90ern ihre Arbeitsplätze im Dorf selbst zählten, kamen sie auf 150, wobei mehr als ein Drittel davon Fahrer einer Spedition waren und 19 als Saisonkräfte beim Heidelbeerbauern arbeiteten. Das Dorf stand wohl vor einer Zukunft als Schlafgemeinde: In Otersen wohnen, woanders arbeiten, einkaufen, leben. Das war es, was Lühning verhindern wollte – er wollte eine lebendige Gemeinde.

Er kannte es noch anders. Als er ein Junge war, gab es drei Einkaufsgeschäfte im Dorf. Das größte verkaufte auf 140 Quadratmetern Lebensmittel, in dem kleinsten fand Lühning auf vollgestopften 30 Quadratmetern seine Schulhefte. Der erste Laden schloss in den 70er-Jahren, der zweite unwesentlich später. Bis dann im Jahr 2000 die letzte Unternehmerin aufhören wollte. Damit wäre der nächste Bäcker mindestens acht Kilometer weiter weg gewesen, der nächste Supermarkt noch ein paar Kilometer mehr.

„Da fällt einem so ein Problem vor die Füße, und dann war ja klar, dass man etwas machen musste.“ Anfangs reiste das Dutzend Engagierter in die wenigen Nahversorgungs-Modelle, die es schon gab. Sie schauten sich auch ein Konzept in einem benachbarten Landkreis an, in dem vor Ort nur die Bestellungen aufgegeben und angeliefert wurden, mit zeitlicher Verzögerung. Ein Lebensmittelkonzern testete das System nach schwedischem Vorbild, es blieb beim Pilotversuch. Die Otersener sprachen mit einem Kaufmann aus dem Nachbardorf, der Interesse an einer Filiale hatte. Doch das Geschäft erwies sich als zu verwinkelt, es hätten mindestens zwei Leute gleichzeitig arbeiten müssen, die Kosten schienen zu hoch. Der Kaufmann sprang ab.

Nach mehreren Bürgerversammlungen und Arbeitskreissitzungen einigten sich die Otersener darauf, den Laden selbst zu betreiben. Sie wollten sich in einer Gesellschaft bürgerlichen Rechts organisieren. Lühning rechnete aus: 150.000 D-Mark Kosten kommen auf das Dorf zu; inklusive des ersten Wareneinkaufs. Er plante 50.000 Mark Fördermittel ein. Am Nikolaustag lud der Arbeitskreis das Dorf zu einer Gründungsveranstaltung ins Gasthaus ein. Der Saal war voll. „Ich habe gesagt, wir brauchen 70.000 D-Mark Eigenkapital.“ Nicht nur, weil die Höhe des Kredits sonst bedenklich gewesen wäre – 70.000 war für den Arbeitskreis der magische Betrag, um den Rückhalt im Dorf zu messen. „Oft ist es ja so: Wenn man sich hinstellt und fragt, wollt ihr einen Dorfladen, dann sagen 99,9 Prozent ja. Wenn man fragt, wer kauft da ein, sind es schon deutlich weniger als 90 Prozent. Und wenn man dann noch fragt, wer bereit ist, sich

ehrenamtlich zu engagieren und dazu Geld einzusetzen, dann hat man wieder ein ganz anderes Bild.“

Am Ende des Abends lag ein Stapel Absichtserklärungen vor dem Arbeitskreis, mit Summenangaben. Der Dorfladen hatte damit 103.000 D-Mark Grundkapital. „Innerlich bin ich mehrfach bis an die Decke gesprungen“, sagt Lühning. Etwa 25.000 D-Mark steuerten das Land Niedersachsen und die Europäische Union bei, noch einmal so viel kam von der Gemeinde. Der Dorfladen musste somit keinen Kredit aufnehmen. Insgesamt kauften sich zum Start 70 Bürgerinnen und Bürger ein, mit Anteilen von je 500 D-Mark. Viele entschlossen sich zu mehreren Anteilen. Heute hat der wirtschaftliche Verein – in den sich die ursprüngliche Bürgergenossenschaft gewandelt hat – 120 Mitglieder. Das ist ungefähr ein Fünftel aller Otersener, aber so will es Lühning nicht sehen. „Im Prinzip sind das 120 Haushalte, und dann ist das Verhältnis zur Einwohnerzahl schon ein ganz anderes.“

Durch 70 Häuser zieht regelmäßig samstags Kuchenduft. Backen für das Dorfladen-Café ist Ehrenamt; die Frauen erhalten lediglich einen Warengutschein für die Zutaten. Fünf Euro gibt es pro Kuchen, acht für eine Torte. Die Bäckerinnen stehen über eine Mailingliste in Kontakt, eine Koordinatorin verteilt die Backaufträge. Wenn sich am Sonntagvormittag spontan eine größere Radfahrer-Gruppe ankündigt oder das Wetter schöner ist als vorhergesagt, ruft die Café-Chefin ein, zwei Frauen an und bittet spontan um ein paar weitere Kuchen. Später stehen erneut eine Handvoll ehrenamtlich arbeitender Frauen hinter der Theke, servieren das Backwerk und kochen Kaffee. Das Café hat Raum für 40 Besucher, außen für noch einmal so viele.

Nach der ersten Euphorie kam der Laden ins Straucheln. 2003 schloss das Geschäftsjahr mit einem Minus von 6.218 Euro, bei einem leicht gesunkenen Umsatz von knapp 300.000 Euro. Geschäftsführung und Aufsichtsrat beschlossen ein Sparprogramm: Der Steuerberater wurde gewechselt und ersetzt durch einen, der halb so viel Honorar in Rechnung stellte. Die Verkäuferinnen verzichteten auf zehn Prozent ihres Gehalts. Wenn sie anderswo arbeiten müssten, würden sie täglich bis zu einer Stunde im Auto sitzen, das würde ihnen auch keiner bezahlen, argumentierte Lühning. Und versprach, die Verkäuferinnen zu beteiligen, falls der Laden Gewinne abwirft.

Ein Neubaugebiet und seine Bewohner gaben dem Umsatz kurzzeitig Aufschwung. Doch als die Lotto-Lizenz entzogen wurde und die alten Kühlgeräte kaputt gingen, brachte das den Laden an den Rand der Pleite. Lühning und seine Mitstreiter machten Sortiment und Lieferant als eine Ursache der finanziellen Misere aus: Der Dorfladen hatte einen Vertrag mit der Großhandels-Gastronomiesparte von Edeka, das passte nicht zu den Bedürfnissen eines 140-Quadratmeter-Lädchens. Auch hatte der Lieferant beispielsweise gar keine Tiefkühlprodukte im Sortiment – die aber besonders bei Familien mit zwei auswärts arbeitenden Elternteilen gefragt waren. „Wir haben die Reißleine gezogen." Die Geschäftsführung nahm Kontakt zu Bartels-Langness auf, einem Lieferanten, der sich auf Kleinformate spezialisiert hat. Es sollte der letzte Versuch werden, einen Rettungsanker auszuwerfen. „Wir haben den Anteilseignern immer gesagt: Rechnet damit, dass euer Geld weg ist."

Lieferanten für kleine Flächen

- Das Familienunternehmen *Utz* mit Sitz bei Ulm beliefert mehr als 60 von Bürgern und Gemeinden initiierte Läden im süddeutschen Raum; im Durchschnitt sind die Geschäfte 150 Quadratmeter groß. Oft, erzählt Unternehmenschef Rainer Utz, stünden sie den Gründern auch als Partner und Berater zur Seite. „Der Prozess, einen Dorfladen auf die Beine zu kriegen ist ja schon zäher als wenn sich ein Einzelkaufmann selbständig macht." Dank der kurzen Strecke und der überschaubaren Logistik rechnet sich das Engagement für *Utz* – auch wenn der Lieferant seinen Hauptumsatz mit größeren Kunden erzielt.
- *Bartels-Langness* in Schleswig-Holstein nimmt in seinen Lastwagen für Super- und Fachmärkte Bestellungen von Dorfläden mit. Am Gesamtumsatz machen die Kleinlieferungen bis zu 15 Prozent aus. *Bartels-Langness* ist in Norddeutschland und im Osten unterwegs.
- Sowohl *Utz* als auch *Bartels- Langness* sind im Übrigen über das Handelskontor *Markant* organisiert, das eine Internetplattform zum Thema geschaltet hat: Die „Nahversorgeroffensive".

In der schwierigen Zeit zahlte es sich aus, dass nicht ein Einzelner hinter dem Laden steht, sondern ein ganzer Teil des Dorfes. Verantwortung und Risiken ruhen auf vielen Schultern; wenn es gut läuft, gibt es keine Neider, wenn es schlecht läuft, kann schwerlich einem allein die Schuld daran zugewiesen werden. Keiner stieg übrigens in dieser Zeit aus.

Der Wechsel bewährte sich. Der neue Lieferant hatte mehr Produkte im Angebot, zugleich sind die Mindestabnahmemengen geringer. Außerdem reagiert er flexibel auf Änderungen und Kundenwünsche. Überhaupt sei es ein ganz anderer Umgang, wenn da ein Unternehmensvertreter sei, dem man die Hand geben könne, sagt Lühning. Im vergangenen Jahr erwirtschaftete der Dorfladen 338.000 Euro Umsatz.

Die Bürger haben für den Neubau und die Photovoltaikanlage auf dem Dach auch 160.000 Euro aus dem Förderprogramm der Europäischen Union für die ländlichen Räume, Leader, erhalten. Die Otersener selbst brachten 50.000 Euro frisches Kapital ein. Den Rest, 218.000 Euro, finanzierten sie über ein Darlehen. Dessen Zins und Tilgung zahlen Lühning und sein Team mit den Mieteinnahmen aus der 135-Quadratmeter-Wohnung und den Erlösen aus dem Café ab. Auch das Geld, das einst als Miete an die frühere Vermieterin überwiesen wurde, dient nun der Rückzahlung. Außerdem produzierte der Laden einen Teil seines Strombedarfs selbst; die Solaranlage lieferte im vergangenen Jahr 10.000 Kilowattstunden Strom.

Ohne Ehrenamt läuft es nicht

Das Haus bauten die Bürger weitgehend in Eigenregie – in 5.000 unbezahlten Arbeitsstunden. „Neulich hat sich ein Gutachter das Haus angeschaut, der hat den Wert auf 600.000 Euro beziffert, wenn es schlüsselfertig gebaut worden wäre.“ Ohne Ehrenamt, da ist sich der Banker sicher, läuft kein solches Projekt auf Dauer – nicht umsonst wirbt der Laden mit dem Spruch „Von Bürgern für Bürger“. Unentgeltlich wartet auch zweimal pro Woche eine Handvoll Frauen auf den Sattelschlepper, der auf dem Parkplatz vorfährt. Lieferant Bela packt in den Laster, der die großen Verbraucher- und Fachmärkte in der Bremer Gegend beliefert, die Bestellung für den Dorfladen mit ein. Sind die Pakete abgeladen, räumen die Frauen umgehend die Waren in die Regale – damit die nicht die Gänge verstopfen oder zwischengelagert werden müssen.

Die fünf angestellten Verkäuferinnen verdienen inzwischen acht Euro pro Stunde; drei von ihnen sind sozialversicherungspflichtig beschäftigt, darunter die Verkaufsleiterin. Zwei arbeiten auf 400 Euro-Basis. Morgens um halb sieben, wenn sich die Pendler für frische Brötchen anstellen, ist eine Mitarbeiterin im Laden. Die Innenarchitektur des Ladens ist darauf abgestimmt: Wäre die Frischetheke hinten, würden zwar mehr Menschen am gesamten Sortiment vorbeilaufen und das eine oder andere mitnehmen. Allerdings müssten dann mindestens zwei Verkäuferinnen gleichzeitig arbeiten: Eine hinten an der Brot- und Wurst/Käsetheke, eine vorn an der Kasse. So liegt die Theke nah am Eingangsbereich im Kassenbereich; morgens schmeißt eine Verkäuferin den Laden allein. Die Öffnungszeiten ab 6.30 Uhr sind ihr Geld wert – genauso wie die am Sonntagmorgen. Im Durchschnitt wandern in den zwei Sonntagsstunden 550 Brötchen über die Theke. Frische Brötchen am Sonntag, das gab es vorher nicht in der Gegend. Selbst aus dem Nachbardorf kommen Eltern mit ihren Kindern angeradelt oder fahren mit dem Auto vor.

Bei Lühnings reiht sich in der Regel die Frau in die Schlange vor dem Dorfladen ein. Günter Lühning sitzt dann schon vor dem Rechner, macht die Buchhaltung, hält nach neuen Produkten und möglichen Extralieferanten Aussicht. Der Dorfladen bietet derzeit etwa 2.000 Artikel an; die meisten Waren gibt es als Markenprodukt und als günstigere Eigenmarke vom Lieferanten. Größter Umsatzbringer sind die Getränke, sie steuern 90.000 Euro pro Jahr zum Umsatz bei. Bier wollen die Menschen aus der Region, das ist so eine eherne Regel. Für Brot und Wurst gilt das Gleiche.

Heidelbeeren und anderes Bio-Gemüse gibt es seit vergangenem Jahr je nach Jahreszeit sogar lokal. Der Biobauer Scharein, dessen Hof einen halben Kilometer vom Dorfladen entfernt in Richtung Süden liegt, beliefert das Dorfgeschäft exklusiv. Früher hat er lediglich Heidelbeeren angebaut, später kamen Erdbeeren und Kürbis dazu. Irgendwann kam der Bauer auf Lühning zu und sagte: „Wenn ihr wollt, baue ich mehr Gemüse für euch an." Die Lieferwege sind kurz, die Ware ist frisch und durch den fehlenden Zwischenhändler günstiger als im Bioladen in der Stadt. Der Landwirt wiederum schätzt den sicheren und planbaren Absatzmarkt über den Laden. Der Honig kommt vom Imker ebenfalls aus Otersen, die Eier aus Frankenfeld: Herkunft liegt im Dorfladen im Trend. Nicht umsonst haben sich die Bürger den Werbespruch ausgedacht: „Wer weiter denkt, kauft näher ein."

Gleichwohl seien die Regionalwaren nur ein Sahnehäubchen, sagt Lühning. Genauso wie einige der Dienstleistungen, die nach und nach ergänzt wurden. Der Dorfladen darf Geld, das er einnimmt, über die EC-Karte wieder an Kunden ausgeben. Wer will, kann zudem Überweisungen für die Sparkasse im Laden abgeben. Lühnings Frau, die selbst bei der Bank arbeitet, nimmt sie auf dem Weg zur Arbeit nach Verden mit.

Herzstück indes ist das Café. Dort soll künftig ein regelmäßiger Mittagstisch für die Senioren im Dorf angeboten werden. Nach den Strick-Frauen und den Turnern sollen noch mehr überschaubare Gruppen die Räume für ihre Treffs und Versammlungen nutzen. Nicht in Konkurrenz, sondern in Ergänzung zum Gasthaus: Der Wirt ist spezialisiert auf Familienfeiern und weniger aufs Erhitzen einzelner Bockwürste. Als sich einmal eine größere Radlergruppe ankündigte, lagerte Lühning die prompt ins Gasthaus aus.

„Ich glaube nicht, dass man sich bei einem Dorfladen ausruhen und das ganze Jahr nichts tun kann“, sagt er. „Wenn Läden einigermaßen laufen, erleben sie das, was wir in den letzten Jahren hier erlebt haben. Dann hat man 5.000 Euro Überschuss, wenn es gut geht.“ Damit ist der Banker zufrieden – Gewinnmaximierung ist nicht sein Ziel, kann es nicht sein bei so einem Projekt. Lühning und seine Mitbürger haben ein Handbuch über ihre Erfahrungen mit dem Dorfladen geschrieben; es kostet 20 Euro und kann nur im Internet heruntergeladen werden. Otersen steht zudem hinter dem Dorfladen-Netzwerk, einer Vernetzungs-Plattform im Internet. Lühning zwitschert via Dorfladen-Twitter und pflegt eine öffentliche Facebook-Seite. „Früher wurden wir belächelt, von allen Seiten“, sagt er. „Heute werden wir bewundert.“

Steckbrief Otersen
Lage: In der Nähe von Verden (Aller)
Gründungsjahr: 2001
Organisationsform: Mini-Genossenschaft („wirtschaftlicher Verein“) mit dem Landkreis als Aufsichtsbehörde
Größe: 180 Quadratmeter
Öffnungszeiten: Mo-Fr 6.30 -13 Uhr, Mo, Di und Fr 15-18 Uhr, Do bis 19 Uhr, Sa 7-13 Uhr, So 8-10 Uhr
Besonderheit: Aller-Café, So 14-17 Uhr (Frühjahr bis Herbst)

– DORV –
Erfolg auf fünf Säulen

Wie aus einem Einzelprojekt ein bundesweit gefragtes Modell wurde

Heinz Frey ist ein Unruhestifter. Immer gewesen. Bürgerinitiativenstarter, ehrenamtlicher Stadtverordneter, Unterschriftensammler, ist das eine Projekt zu Ende gegangen, hat in der Regel das nächste angefangen. Nur die Sache mit dem Dorfladen hat sich für den Gymnasiallehrer anders entwickelt als geplant: Das Interesse an der Idee lässt nicht nach, es hat im Lauf der Jahre eher zugenommen. Inzwischen wollen so viele Menschen landauf, landab wissen, wie man erfolgreich einen Nahversorger im Ort betreibt, dass Frey einen Mitarbeiter eingestellt hat. Seine Wortschöpfung DORV – eine lautmalerisch geschickt gewählte Abkürzung für Dienstleistung und ortsnahe Rundum-Versorgung – ist zum Schlagwort geworden für den Tante-Emma-Laden des 21. Jahrhunderts, und nicht nur dafür: DORV symbolisiert bürgerschaftliches Engagement, das neu erwachte Heimat-Empfinden in einer globalisierten Welt und ein generationenübergreifendes Zusammengehörigkeitsgefühl – Frey hat den Nerv der Zeit getroffen.

Nur hat er jetzt keine Zeit mehr, und deswegen holt sein Mitarbeiter Jürgen Spelthann Besucher am Bahnhof Aachen oder in Düren ab. Per öffentlichem Nahverkehr kommt man sonst schwer in das 1.400-Einwohner-Dorf Barmen. Es liegt zwischen Jülich und Aachen, nahe der holländischen Grenze am westlichen Rand Deutschlands. Eine flache, ehemals vom Tagebau bestimmte Gegend ist es, mit dem Forschungszentrum in Jülich als einzig nennenswertem Arbeitgeber. Auch Barmen profitiert davon, am Ortsrand liegt seit drei Jahren ein Bildungszentrum, das mit den Forschern in Jülich zusammenarbeitet. Daneben ist eine Einfamilienhaussiedlung gewachsen. Ordentliche Häuschen im traditionellen Backsteinrot liegen hinter ebenso aufgeräumten und langweiligen Vorgärten.

Die Siedlung ist auf ehemals überschwemmtem Gebiet entstanden, früher wurde hier Kies abgebaut.

In der Ortsmitte steht das Gebäude der früheren Sparkasse, auf dem Platz davor sind gut zwei Dutzend Parkplätze ausgewiesen. In die Bankfiliale ist der Dorfladen eingezogen. Wer den kleinen Verkaufsraum betritt, stößt unmittelbar auf die u-förmig angeordnete Ladentheke. Auf der einen Seite werden Pakete entgegengenommen, an der Stirnseite ist die Kasse, um die Ecke die Wurst- und Käsetheke sowie die Bäckerei. An den Seiten ziehen sich Regale mit Trockenwaren, Konserven, Backartikeln, 3.000 Produkte sind es insgesamt. Auch ein Kühlregal findet an der Längsseite Platz. Das Lager eingeschlossen, misst der Laden 150 Quadratmeter.

Für Einzelhandelskonzerne ist so eine Größe uninteressant. Rewe hat damals gar nicht geantwortet, als sich Frey um ein Lebensmittelangebot in Barmen bemühte. Die Sparkassenfiliale schloss um das Jahr 2000 herum nach dem Zusammenschluss mit einer Filiale im Nachbarort. Es war die letzte Dienstleistung in Barmen, einen Nahversorger gab es seit Jahren nicht mehr. Frey, schlank, mit dichtem grauem Haar, Jahrgang 1955, hatte die Idee, das zu ändern. Er scharte vier Mitstreiter um sich; gemeinsam überlegten sie, wie sie selbst einen Lebensmittelmarkt gründen könnten. Sie hörten sich um, schauten sich die wenigen Dorfläden an, die es damals schon gab. Schnell wurde ihnen klar, dass ein klassischer Supermarkt kaum Aussicht auf Erfolg haben würde. „Ein paar Büchsen im Regal helfen keinem", fasst Frey die damaligen Überlegungen zusammen. Sie mussten etwas finden, das der Discounter nicht bot – Regionales. Angebot und Nachfrage sollten sich dabei zunächst auf Wurst und Brot beschränken: Im Nachbardorf gab es Bäcker und Metzger, die sollten liefern. Außerdem gab es zwei Landwirte in der Gegend, zu denen Frey Kontakt aufnehmen wollte – sie könnten je nach Saison Obst und Gemüse an den Laden verkaufen.

Unabhängig von der Produktpalette würde sich ein alleiniger Nahversorger gleichwohl schwertun, davon war die Gruppe engagierter Bürger überzeugt. Schließlich kannten sie ihre Nachbarn in Barmen, ihre Vereinskollegen bei den Karnevalisten. Beim Einkaufen entscheidet der Preis, für Sozialromantik ist in den Geldbeuteln am Niederrhein kein Platz. Es müsste mehr angeboten werden – Dienstleistungen etwa, und die Menschen müssten sich dort treffen können. Also schuf Frey in Gedanken Platz für zwei, drei Stehtische, an denen Kaffee getrunken und eine Kleinigkeit gegessen werden könnte. Außerdem sollten die Barmener ihre Post im Laden aufgeben und Pakete abholen können. Später nannte Frey die ersten Überlegungen Drei-Säulen-Konzept. Mittlerweile ist daraus ein Fünf-Säulen-Konzept geworden, das die Barmener als tragfähig für einen Dorfladen betrachten: Dienstleistung, Lebensmittel, Ärzteversorgung, Kultur und Kommunikation – DORV eben.

Frey ging mit seiner Idee hausieren. So wie er früher von Tür zu Tür ging, um Unterschriften für seine Anliegen zu sammeln, klopfte er jetzt mit der Bitte um Geld. Die Menschen in Barmen und im Nachbarort Merzenhausen sollten für je 250 Euro Anteile am Laden kaufen. Maximal acht Anteile durfte einer allein kaufen. Inklusive Privatkrediten kamen so 70.000 Euro zusammen, 150 Haushalte beteiligten sich. Dazu packte Frey ein Darlehen, für das er persönlich bürgte. Fördermittel gab es nicht. Wie er die Leute überzeugte? Zum einen kannten die Menschen ihn und seine früheren Aktionen. Frey wiederum wusste, bei wem er Aussicht auf Erfolg haben würde. Zum anderen hätten die Angesprochenen das Potenzial eines solchen Ladens begriffen, ist Frey überzeugt: „Man lebt hier, man wohnt hier, und wenn man keine Versorgung hat, verliert der Ort an Attraktivität und verödet schließlich.“

Ohne diesen Rückhalt, finanziell und ideell, wäre die Aktionsgruppe das Wagnis wohl nicht eingegangen. Barmen profitierte dabei von seiner Dorfstruktur – Karneval- und Schützenverein sind fest verankert im Dorfleben, der soziale Zusammenhalt ist hoch – die Kontrolle auch. Wenn Schlüsselfiguren im Ort mitmachen, ziehen sie die anderen mit. Trotzdem war es noch schwierig genug, meint Frey. „Im Prinzip hat man ständig und sofort 100 Leute, die wissen, wie es nicht geht." Der Lehrer boxte sich durch. Als die Lebensmittelkonzerne abwinkten, spürte er den Lieferanten Cames in Neuss auf. Er hat sich auf Kleinformate spezialisiert. Die Ladentheke wurde als U konzipiert, um Personal zu sparen: So kann eine Verkäuferin nacheinander Wurst abschneiden, kassieren und Pakete ausgeben, ohne durch den Laden laufen zu müssen. Ums Sortiment kümmerte sich Frey persönlich, beim Renovieren, Einräumen, Organisieren halfen viele mit. Ohne Ehrenamt, das gilt in Barmen wie andernorts, funktioniert so ein Projekt nicht.

In Barmen lief es von Anfang an. Das Dorf profitierte auch von der medialen Aufmerksamkeit, die schneeballartig zunahm: Erst berichtete die Lokalzeitung, dann schrieben überregionale Medien über Barmen, Frey und DORV, bis der Deutschlandfunk zu einer Diskussionsrunde mit Soziologen und anderen Experten vor Ort lud. Andere Dörfer sahen, was in Barmen geht – und wollten wissen, wie. Zunehmend wurde Frey als Berater zu Hilfe gerufen; ungeachtet des breiten bürgerschaftlichen Engagements, auf das er sich stützt, ist er der Kopf des Barmener Erfolgsmodells geblieben. Die Anfragen brachten Frey erst ins Nachdenken: Warum hat es in Barmen funktioniert? Was macht das Zentrum aus? Was braucht ein Dorf unbedingt, welche Idee lässt man lieber wieder fallen? Nach und nach kristallisierte sich das heraus, was DORV inzwischen als Fünf-Säulen-Konzept vermarktet. Jürgen Spelthann kam ins Spiel, ein 1974 geborener Stadtplaner aus Aachen. Gemeinsam mit Heinz Frey hat er inzwischen um die 40 interessierte Gemeinden beraten. „Die Nachfrage steigt ständig", sagt Spelthann. „Ich bin bis unter die Kante voll mit Arbeit, Tag und Nacht."

Salzgitter-Hallen, Gessenkirchen-Tossehof, Elzach-Yach, Kevelaer-Kervenheim – die Landkarte von Frey und Spelthann füllt sich nahezu wöchentlich mit neuen, bis dahin unbekannten Namen. Dabei gehe es nie darum, ein Konzept zu verkaufen, betonen beide. Die Bürger vor Ort müssten eine Idee haben, DORV berät sie dabei. „Wir klopfen das Engagement der Leute ab", erklärt Spelthann. Sind sie bereit, bei einem

Lieferservice für ältere, wenig mobile Bewohner mitzuwirken? Könnten sie sich vorstellen, beim Streichen zu helfen, und bei der Organisation des Ladenfestes? „Investition in die Köpfe“ nennen die Barmener diese Beratungen. Sie fragen auch ab, was vor Ort gewünscht ist – mal ist es ein Paketdienst; mal sind es Rezepte für die Apotheke, die abgegeben werden möchten, mal wünschen sich die Menschen barrierefreie Wohnungen als Ergänzung zum Laden. Als Außenstehender kommt man nicht auf solche Nischen, der Impuls kann nur von den Leuten vor Ort kommen. „Wir sind die Dienstleister. Die Leute vor Ort sind die Experten.“ Wichtig ist nur, eine Ergänzung zum Lebensmittelangebot zu finden. Nahversorgung allein ist unrentabel – in Barmen ist es der Fotodrucker, der den Umsatz bringt, andernorts der Mittagstisch, bisweilen sind es Sparkassenleistungen. Die Bedürfnisse und die Ansprüche der Menschen sind von Ort zu Ort unterschiedlich. Haben sie auch schon einmal aufgegeben? Wie viel Menschen braucht ein Dorf, damit sich ein Laden auf Dauer trägt?

Letztere Frage wehrt Frey ab. Es wende sich ja nur an DORV, wer schon wachgerüttelt ist. Scheitern kann es dann eigentlich nur noch an dorfinternen Streitigkeiten; oder es stellt sich heraus, dass die Siedlungsstruktur einer Gegend nicht für einen zentralen Versorger gemacht ist. Manchmal sei es auch so, dass Engagement erst langsam wächst. „Es ist schon passiert, dass der Kontakt abbrach, und nach einer Weile kamen die Menschen dann wieder auf uns zu“, sagt Frey. Die Machbarkeitsstudien kosten mittlerweile bis zu 5.000 Euro; in der Regel springen staatliche Stellen oder Banken über Fördermittel und spezielle Fonds ein.

> Eine solche **Machbarkeitsstudie** ist im Prinzip eine klassische Standortanalyse: Wo sind die nächsten Supermärkte, wie sind Infra- und Haushaltsstruktur im Ort, wohin pendeln die Menschen, welche Kaufkraft ist da.

Das Geld fließt in den DORV-Topf. Das Zentrum in Barmen ist als Gesellschaft mit beschränkter Haftung organisiert, dahinter steht eine Gesellschaft bürgerlichen Rechts (GbR), in der die Anteilseigner Mitglied sind. Über allem steht der ursprüngliche Verein mit etwa 150 Mitgliedern, der sich um das Grundsätzliche kümmert: Mobilisierung, Aktionen, Strategisches. Frey selbst sitzt mittlerweile in einem Expertenrat des Bundesbauministeriums, hat den Deutschen Engagementpreis erhalten und das DORV-Zentrum wurde als Musterinitiative für die Kampagne „Deutschland, Land der Ideen“ ausgezeichnet. Mitarbeiter Spelthann wird für seine Unterstützung bezahlt, andere greifen Frey ehrenamtlich unter die Arme – Georg Schmitz zum Beispiel; er kann wegen einer schweren Krankheit nicht mehr in seinem Beruf arbeiten und übernimmt Fahrten und Organisatorisches für Frey. Außerdem kümmert er sich um die Qualitätskontrolle in laufenden Projekten.

In Barmen hat Verkaufsleiterin Angela Hachenburg den Überblick über den Betrieb. Mit ihr arbeitet eine weitere Vollzeitkraft, dazu sind fünf Verkäuferinnen auf Mini-Job-Basis angestellt. Das Zentrum hat sich nach und nach mit Dienstleistungen und Angeboten gefüllt: Auf der Rückseite des Gebäudes praktiziert seit fünf Jahren ein Arzt (der „DORV-Arzt“), ein Reisebüro ist eingezogen, es gibt eine Poststelle, einen Fotodrucker und seit einiger Zeit ein richtiges Café. Das wollten die Barmener so, die Stehtischchen im Eingangsbereich waren ihnen zu hektisch. Jetzt treffen sich die Frauen nach der Gymnastikstunde, die Arbeiterwohlfahrt hat ihre Jahresversammlung ins DORV-Zentrum verlegt. Der Trecker-Club kommt ab und zu. Es gibt einen Beamer – zum Fußball schauen und für Dia-Vorträge.

Auch das Lebensmittelangebot ändert sich je nach Kundenwünschen. Ein Aufbackofen ergänzt die Lieferungen vom Bäcker. Was in der Palette des Großlieferanten fehlt, kaufen die Marktleiter zu. Freys Lieblingsbeispiel ist die Eifel-Sahne, er erzählt es bei jeder Gelegenheit: Diese Sahne hat mehr Fett als handelsübliche; vor allem die älteren Frauen im Dorf backen mit Eifel-Sahne. Also holt Frey sie privat beim Großhandel ab – der Absatz ist garantiert, obwohl die Sahne teurer ist als die herkömmliche.

Viel Gewinn wirft das Zentrum nicht ab, das ist auch nicht Ziel des Projekts. Wichtig ist Frey, dass sich der Laden ohne Fördermittel trägt. Der Fotodrucker finanziert den Butterpreis mit, das Café mit seinem Imbissangebot gleicht die geringe Spanne beim Brotverkauf aus. Und an der Kfz-Zulassung, die die Barmener im Ort erledigen können, verdient DORV fünf Euro. So viel zahlen die Autofahrer mehr, dafür sparen sie sich den Weg in die zuständige Behörde in Düren. „So binden wir die Leute ans Zentrum“, sagt Frey.

Bis zu zehn Prozent ihres Einkaufs erledigen die Dorfbewohner durchschnittlich im Laden. Die, die täglich kommen, gleichen das Fernbleiben anderer aus. Das reicht, um das Zentrum rentabel zu betreiben.

Zu den Stammkunden zählen vor allem ältere Frauen. Sie kommen zum Teil mehrmals täglich – nicht nur, um Vergessenes zu holen. Für allein lebende Senioren, die nicht mehr Auto fahren können und schlecht zu Fuß sind, ist der Dorfladen die letzte Möglichkeit, andere Menschen zu treffen. Andere Sozialkontakte können sie wegen ihrer eingeschränkten Mobilität kaum pflegen. Ohne den Dorfladen müssten sie aus Barmen wegziehen. Frey kennt allein zwei Frauen aus der Nachbarschaft, die ihm gesagt haben: „Mensch, Heinz, ohne deinen Laden wären wir längst weg." Auch ihre Kinder sind froh um das Angebot vor Ort: Es entlastet sie, nimmt ihnen das schlechte Gewissen, sich nicht ausreichend kümmern zu können. Er erzählt diese Anekdote ausführlich, er schmückt sie aus und gibt ihr Raum. Auf das Lob dieser Frau ist Frey wirklich stolz.

Steckbrief DORV-Zentrum Barmen
Lage: Zwischen Aachen und Düren
Gründungsjahr: 2004
Organisationsform: Verein, Gbr und GmbH
Größe: 150 Quadratmeter
Öffnungszeiten: Mo-Sa 6.30-13 Uhr, Di, Do und Fr 15-18 Uhr, So 8-11 Uhr
Internet: www.dorv.de
Besonderheiten: Fotodrucker und Ärztezentrum

– Gelting –
„Wir sind kein Supermarkt“

Im Münchner Süden dürfen regionale Produkte ihren Preis haben

Der dorfeigene Käse ist in den vergangenen zwei Jahren der Renner gewesen, genau deswegen hat Franz Wirtensohn in diesem Jahr darauf verzichtet. „Man darf nicht immer das Gleiche machen“, sagt er. „Die Leute wollen überrascht werden.“ Der Geltinger Käse von Kuh Berta, öffentlich in der Schaukäserei auf dem Dorfplatz hergestellt, soll also in diesem Jahr eine Pause machen. Das hat sich Wirtensohn so überlegt. Der kräftige Mann mit dem dichten, noch dunklen Haar über einem freundlichen Gesicht ist gelernter Landwirt. Den Hof hat er an den Sohn übergeben, er hilft freilich noch mit. Vor allem aber sitzt Wirtensohn im Vorstand des Geltinger Dorfladens, einer unvergleichlichen Erfolgsgeschichte: Das Geschäft war als Nahversorger für die ortsansässige Bevölkerung gedacht. Drei Jahre nach der Eröffnung ist es betriebs- und regionalwirtschaftliches Vorzeigeprojekt, touristisches Aushängeschild und verantwortlich für mehrere neue Arbeitsplätze.

Gelting, 1.700 Einwohner, ist ein unspektakuläres Dorf. Die sanfte Hügellandschaft der Voralpen hat hier noch nicht begonnen, der Starnberger See ist eine halbe Fahrradstunde entfernt, die nächste S-Bahn-Station liegt drei Kilometer weiter in Wolfratshausen. Eine Straße schlängelt sich durch den Ort, vorbei an pittoresken Bauernhäusern und moderneren Eigenheimen, an der Feuerwehr, der Kirche. Am Ortsrand liegt ein kleines Gewerbegebiet, ein Schild am Abzweig verweist auf die Imbissbude dort. Hier macht man nicht Urlaub, hier wohnt man. Gelting zählt zum Speckgürtel des 50 Kilometer entfernten München. Die Baulandpreise sind entsprechend hoch, obwohl das Dorf keinen direkten Bahnanschluss hat. Pendler ohne Auto sind auf den Bus angewiesen, der nach Wolfratshausen fährt. Die Arbeitslosenquote im Landkreis liegt unter drei Prozent, Hartz-IV-Empfänger leben kaum in Gelting. Zum Schlafdorf ist es trotzdem nicht geworden: Es gibt einen Schützenverein und die Freiwillige Feuerwehr, einen Verein zur Brauchtumspflege. Nur eben eine Einkaufsmöglichkeit, die hat es jahrelang nicht mehr gegeben.

Der Anfang

Früher waren im Ort zwei Einkaufsläden gegeben, einen kleinen Sparmarkt und einen Edeka. Den einen schloss die Besitzerin aus Altersgründen, der andere hielt sich länger. Dann kamen Kaufland in Geretsried und Rewe in Wolfratshausen, Aldi war sowieso schon dort, dagegen hatte die Betreiberin des kleinen Edekas keine Chance.

Im Jahr 2000 gab sie den Laden auf. Seitdem mussten sich die Dorfbewohner für jedes Stück Butter ins Auto setzen oder aufs Fahrrad schwingen bis zum nächsten Supermarkt in Geretsried. Oder sie mussten jemanden finden, der fährt und etwas mitbringt. Bis eines Tages Plakate im Ort hingen, auf denen die Gemeinde zu einer Bürgerversammlung einlud. Titel: „Welche Zukunft wollen wir für unser Dorf?" Das Interesse war riesig, der große Saal im Kindergarten bis auf den letzten Platz gefüllt. „Die Leute waren regelrecht ausgehungert", erinnert sich Wirtensohn. „Keiner wollte die Einkaufssituation, so wie sie war, mehr hinnehmen müssen." Auch der Bürgermeister war da, übernahm aber eher die Rolle des Beobachters: Die Geltinger kamen allein auf die Idee, dass sie wieder einen Laden im Dorf haben wollten. Ein Arbeitskreis fand sich, die Leitung übernahmen Franz Wirtensohn und Klaus Peter Mellwig, ein pensionierter Manager.

Das Duo wurde zum Motor des Projekts. Innerhalb weniger Monate wählte die Gruppe einen Aufsichtsrat, der ernannte einen Vorstand. Das Projekt sollte auf soliden Füßen stehen. Die Geltinger gründeten eine Genossenschaft und gaben Anteile an der „Dorfladen Gelting e.G. (eingetragene Genossenschaft)" à 180 Euro aus. „Wir dachten, so haben die Leute gleich Interesse, den Laden zu halten. Er gehört ihnen ja quasi", erklärt Mellwig die Wahl des Geschäftsmodells. Insgesamt beteiligten sich 260 Haushalte.

Die Genossenschaft mietete Räume von einer Unternehmerin. Es handelte sich nicht um den einstigen Edeka an der Hauptstraße – der lag ungünstig an einer Ecke, auch die Innenaufteilung erschien dem Vorstand ungünstig. Der Laden sollte in der Ortsmitte stehen, an einem gepflasterten Platz. Gegenüber liegt die Kirche. Regale und Kühltheke besorgten sich die Neu-Unternehmer von einem Einzelhändler in Nordbayern, der aufgeben musste. Leitungen wurden neu verlegt. Hinter den Fensterfronten im Eingangsbereich stellten sie Cafétische, vom Platz wurde eine Terrasse mit Pflanzenrabatten abgetrennt. Die meisten dieser Arbeiten leisteten die Geltinger ehrenamtlich.

Die Krise

Ein Jahr nach der ersten Idee öffnete der Dorfladen, mit Fest, Lokalprominenz und Presse. Doch nach der Anfangseuphorie kam die Ernüchterung. Es wurde zu viel bestellt oder das Falsche, drei-, viermal wechselten Vorstand und Aufsichtsrat die Lieferanten, auf der Suche nach dem richtigen Sortiment. Der Umsatz sank, bis der Dorfladen in die roten Zahlen gerutscht war. Wirtensohn und Mellwig beriefen eine Krisensitzung ein: Aufsichtsrat, Vorstand und Geschäftsführung setzten sich zusammen, und sie zogen einen Unternehmensberater dazu – Wolfgang Gröll, der ein paar Dörfer weiter wohnt und gerade dabei war, die Dorfladen-Bewegung als Geschäftsnische für sich zu entdecken.

An die Rücklagen wollte keiner ran. „Heiliges Geld“, nannte Mellwig den Posten – er beharrte auf einer Sicherheit, falls Geltinger aus der Genossenschaft aussteigen wollten. 5 Jahre nach der Gründung sollten sie dies erstmals können. Stattdessen einigte sich die Krisenmannschaft darauf, die Personalkosten zu senken. „Wir können nun einmal keine Spitzengehälter zahlen, von

diesem Traum mussten wir uns verabschieden.“ Die Mitarbeiterinnen akzeptierten den niedrigeren Lohn. Dann überprüften Genossenschaft und Unternehmensberater die Produktpalette. Statt zu versuchen, mit den Preisen der Discounter zu konkurrieren, sollte sich der Laden ein eigenes Profil erarbeiten. Klassische Image-Bildung, nur hätte das Wirtensohn freilich nie so genannt. Er vertraute auf seinen instinktiven Geschäftssinn.

Die Geltinger wandelten den Laden schrittweise um, behutsam. Neben den Plastikbecher Marmelade, der ein paar Cent mehr kostet als bei Aldi, stellte Geschäftsführerin Andrea Pichler ein dekoriertes Holzregal, in dem sie Marmelade von einer Manufaktur aus der Nähe präsentierte. Sie ließ probieren, erklärte die Herkunft – und verkaufte nach kurzer Zeit achtmal so viele Manufakturgläser wie Plastikbecher. Obwohl diese dreimal so viel kosten wie die Billigmarmelade. So oder so ähnlich wanderten im Lauf der

Zeit Geltinger Kaffee, Joghurt aus dem Dorf, regionale Senfsorten und Dinkelprodukte von der nahe gelegenen Mühle in die Regale und nahmen den Standardlebensmitteln Platz weg.

Mit dem Geltinger Käse hat es sich übrigens so verhalten: Die Genossenschaft wollte ihren eigenen Käse im Dorfladen verkaufen. Nicht irgendeinen. Er sollte eine ganz genaue Herkunft haben, in diesem Fall die von Kuh Berta. Letztere ließ sich beim Dorffest aus dem Wirtensohnschen Stall auf den Dorfplatz vor dem Laden führen und öffentlich melken. Hernach konnten sich die Festbesucher am Käsen beteiligen. Wirtensohn hatte eine Mini-Käserei auf dem Platz aufgebaut. Nach der Reifezeit lag der „Geltinger Käse“ in der Frischtheke des Dorfladens aus. Die Kunden konnten den Käse kaufen, den sie selbst hergestellt hatten.

Ein Grundsortiment ist immer geblieben – für die älteren Dorfbewohner, die sich komplett im Laden eindecken. Sie sollten nach wie vor alles vorfinden können, vom Katzenfutter bis zum Klopapier.

Die Preise dafür konnte die Geschäftsführung inzwischen ohne Not niedrig halten – Geld verdiente sie mit Qualität und Herkunft, einer Mischung, die im Münchner Umland nachgefragt wird. „Unser Erfolg liegt auch daran, dass sich die Leute das leisten wollen“, analysiert Wirtensohn. Der Umsatz stieg.

Das Ziel, Rücklagen in Höhe der Einlagen zu bilden, hat die Genossenschaft zwar noch nicht ganz geschafft. Das finanzielle Polster ist jedoch so dick geworden, dass die Anleger 2012 erstmals mit einer Dividende rechnen können – in Form eines Warengutscheins. So eine Auszahlung stärkt nicht nur den Laden, sie ist obendrein steuerfrei. Auch dies war eine Idee von Wirtensohn.

Die Menschen hinter dem Laden

Wirtensohn und Mellwig sind ein Erfolgsduo. Einträchtig sitzen sie nebeneinander im Café und erzählen sich die Schmonzetten vom letzten Dorffest, kichern, über ihre Capuccinotassen gebeugt, und teilen sich einen Faschingskrapfen. Der eine ur-bayerisch, im Dorf groß und mit dem eigenen Hof alt geworden, fest in Dialekt und Tradition verankert. Schlau, geschäftstüchtig und zugleich offen für Neues und internetaffin. Der andere, Mellwig, ist zugezogen und spricht nach 20 Jahren in Oberbayern noch genauso hochdeutsch wie zuvor. Er genießt mit seiner Frau den Ruhestand im Dorf, nachdem er für einen Großkonzern jahrelang die

Lande bereiste. Wirtensohn und Mellwig ergänzen sich hervorragend. Mellwig hat sich zwar inzwischen aus Altersgründen zurückgezogen aus dem operativen Geschäft. Doch er wohnt um die Ecke, seine Frau hat ihren Gesprächskreis im Café am Montagnachmittag, er selbst sitzt auch gern dort und kriegt so nach wie vor alles mit.

Ohne die Geschäftsführerin freilich bliebe es im Vorstand oft bei Plänen. Andrea Zambelli ist die, die die Pläne umsetzt. Sie hat 2011 die vorige Ladenchefin abgelöst, der der Erfolg – zweifelsohne ihr Verdienst – nach Ansicht der Genossenschaft zuletzt etwas zu Kopf gestiegen war. Denn das wird im engen Sozialgefüge des Dorfes nicht gern gesehen: Wenn einer Erreichtes und Ruhm zur Schau stellt, wenn aus dem „Wir" schleichend ein „Ich" wird. Als die Stimmung unter den Mitarbeitern und in der Genossenschaft zu kippen drohte, schritt der Vorstand ein.

Zambelli nun ist eine akkurate Buchhalterin, eine, die genau hinschaut, den Draht zu Kunden und Angestellten hält, bei der die Fäden zusammenlaufen. Sie ist Mutter zweier Kinder und weiß sich zu organisieren. Während die schlanke, blonde Frau im Café sitzt und erzählt, hält sie stets auch ihre Umgebung im Blick. Sie sieht die leeren Tassen am Nachbartisch, nimmt die drei Frauen im Hintergrund wahr. Mit einer Hand räumt sie die Tassen zur Seite, ohne den Satz zu unterbrechen, und macht den Teilnehmerinnen des Kaffeekränzchens damit Platz. Zum Dorffest kommt sie im Dirndl, zu den Lieferanten im Blazer – eine weibliche Variante von Laptop und Lederhose. Zambelli wird als 400-Euro-Kraft bezahlt, den Rest arbeitet sie ehrenamtlich. Das geht, weil der Partner gut verdient: Die Strukturen im Dorf sind nach wie vor traditionell. Frauen mit kleinen Kindern sind in der Regel zuhause oder arbeiten Teilzeit. Diese gut ausgebildeten, finanziell abgesicherten Mütter sind wichtig für den Dorfladen – als Kundinnen und als Cafégäste, aber eben auch als Mitarbeiterinnen und Organisatorinnen.

Die Angestellten erhalten mittlerweile einen Stundenlohn von 9,10 Euro brutto. 17 Frauen sind angestellt, die meisten von ihnen schöpfen die 400 Euro nicht aus; Schülerinnen etwa, die am Wochenende aushelfen. Seit einiger Zeit sind die Verkäuferinnen für einzelne Bereiche verantwortlich – eine für die Wursttheke, eine andere fürs Joghurtregal. Der Ausschuss, also die Menge an abgelaufener und nicht mehr verkäuflicher Ware, ist seitdem noch einmal zurückgegangen. Und: Die Verkäuferinnen haben sich mehr Service und Marketingkenntnisse angeeignet. Musste man früher gezielt nach Waren fragen, bieten sie heute von selbst besonderes Gebäck, Kuchen oder den speziellen Kloßteig an.

Die besonderen Produkte

Gebraucht werden die „400-Euro-Damen“ vor allem hinter der Frischetheke; dort nämlich werden 80 Prozent des Ladenumsatzes erwirtschaftet. Wurst und Fleisch kommen vom Metzger in Geretsried, zwischendurch gibt es frischen Fisch aus der Forellenzucht im Loisachtal oder Fleisch von Werdenfelser Rindern. Backwaren liefert der Bäcker aus Königsdorf, außerdem bäckt eine Bäuerin aus Gelting Brot im Holzofen. Ausgewiesene Bio-Waren sind die Ausnahme. Franz Wirtensohn erklärt, warum: „Mir nützt Bio wenig, wenn ich es tausende Kilometer transportiere. Mir ist es lieber, es ist von unserem Landkreis hier. Ich glaube, dass das mehr Bio ist – was ich sonst schon an Diesel verfahre, das kann es auch nicht sein.“ Die Kunden denken offenbar ähnlich.

Das Geschäft mit Regionalprodukten läuft so gut, dass sich mancher im Dorf ermutigt fühlt, ein eigenes Unternehmen zu gründen: Carmen Genzinger und Philipp Bay, Milchbauern in der vierten Generation, dachten eigentlich daran, den Hof ihrer Eltern und Großeltern aufzugeben. Zu anstrengend war das ständige Gezerre um einen fairen Milchpreis geworden, zu schwierig schienen die Rahmenbedingungen. Genzinger und Bay wagten einen letzten, großen Schritt und beschlossen, einen Teil ihrer Milch selbst zu verarbeiten. Sie richteten eine Molkerei auf dem Hof ein und lieferten Joghurt an den Dorfladen. CO_2-frei – mit dem Bollerwagen. Das Joghurt warb für sich. Es schmeckt. Inzwischen hat die Molkerei Bay einen Lieferservice eingerichtet und verkauft an mehreren Schulen im Landkreis in der Pause Milch. Carmen Genzinger erwägt, einen Mitarbeiter einzustellen (*siehe Extra, S. 49*).

Und da sind die Kuchen von Frau Pilch. Maria Pilch, Jahrgang 1980, ist Konditormeisterin und versuchte sich nach ihrer Ausbildung mit einem Lieferservice. Auch im Geltinger Dorfladen gab es ihre Kuchen zu kaufen. Pilch schrieb ein Backbuch. Der Bayerische Rundfunk wurde aufmerksam, ein Fernsehteam reiste an und porträtierte die Autorin von „Backen wie auf dem Lande“. Der Erfolg kam wiederum dem Dorfladen zu Gute.

Als die Fernsehleute auch einen Beitrag über den Laden drehten, kamen Kunden aus 30, 40 Kilometer Entfernung angefahren. „Das war eine Schau, jeder wollte den Laden sehen.“ Wirtensohn lacht. Zu viel ist es ihnen nie geworden, sie genießen die Aufmerksamkeit in Gelting. Einige Besucher fahren bis heute für spezielle Produkte hierher. Eine Frau aus München etwa kauft regelmäßig Eier. Ganz wichtig ist auch die wöchentliche Anzeige mit den aktuellen Spezialitäten im „Isarkurier", einer kostenlosen Wurfsendung. Immer auf der gleichen Seite, immer an der gleichen Stelle. Die Anzeige kostet zwar 50 Euro, das Geld ist aber gut angelegt. „Wir haben neulich pausiert, eine Woche – da wurde sofort nachgefragt, ob wir Urlaub machen würden oder so", erzählt Zambelli.

„Regionales" muss dabei nicht immer aus der direkten Umgebung kommen – wichtig ist, dass es eine Herkunft hat. Die frischen Nudeln etwa bezieht Andrea Zambelli aus Berlin. Der Lieferant aus München wollte zu große Mengen abgenommen haben zu entsprechenden Preisen, da hat sich die Geschäftsführerin auf die Suche nach einer Alternative gemacht. Bei einer Manufaktur 700 Kilometer nördlich von München wurde sie fündig. „Die kommen mit dem Lastwagen, das klappt super." Die Standardwaren liefert ein Großhändler, der sich auf kleine Verkaufsflächen spezialisiert hat, Obst und Gemüse als Ergänzung (wie zum Beispiel Bananen und Paprika) bringt ein Obsthändler aus dem Nachbardorf mit, der täglich zum Großmarkt nach München fährt. Das ist flexibel, bequem und spart Geld.

Das Café

Das Café ist das zweite Standbein. Nicht umsonst bezeichnet Andrea Zambelli ihren Geschäftsansatz als „Qualität und Kommunikation". Innen stehen vier helle Holztische mit kleinen Decken darauf, an der Wand ein Bauernschrank mit Vitrine. Die Möbel kann man kaufen, es sind Antiquitäten. Im Sommer wird der Café-Bereich um einen Biergarten draußen erweitert. Angeboten werden Kaffee und Kuchen sowie Brotzeiten, im Sommer auch Eis von einer Eisdiele in Wolfratshausen.

Im Café treffen sich die älteren Dorfbewohner aus Gelting, für die der Laden der alleinige Nahversorger ist, die Gelegenheitskäufer und die Handwerker bei der Mittagspause. Ein pensionierter Fotograf aus dem übernächsten Dorf kommt jeden Nachmittag, er bestellt immer Kaffee mit einer belegten Laugensemmel und liest ein Nachrichtenmagazin. Stets sitzt er am selben Tisch, wenn der belegt ist, fragt er, ob er sich dazugesellen darf. Der Fotograf bleibt etwa eine Stunde. Ein anderer Mann trifft sich einmal in der Woche mit seiner Tochter zum Würfeln. Ein Frauenkreis trinkt jeden Montagnachmittag am Tisch in der Ecke Kaffee. Ausflügler sind vor allem an den Wochenenden da, und seit der Dorfladen Stempelstelle für den Jakobsweg ist, kommen noch die Pilger dazu.

Wie aber ist es gelungen, die Senioren aus dem Dorf anzulocken? In Gelting war es früher ja wie anderswo: Man kauft sich eine Semmel, und schmiert sie sich daheim. Kein Bauer, keine Bäuerin wäre ins Café gegangen. „Wir haben einen Seniorennachmittag angeboten“, sagt Zambelli. „Da gab es Kuchen und Kaffee zum halben Preis, es gab auch kleine Portionen.“ Die Mitarbeiterinnen waren da und beantworteten Fragen zum Laden, zum Sortiment, zur Organisation.

Und jetzt?

Übers Jahr verteilt streuen Vorstand und Geschäftsführung medienwirksame Aktivitäten, um sich im Gespräch zu halten: Dorffest, Christkindlesmarkt, der Café-Umbau, das erste Eis der Saison. Für den Firmenlauf in Geretsried ließ Andrea Zambelli T-Shirts mit dem Firmenlogo drucken, die Mannschaft zog den Schwächsten mit und gemeinsam über die Ziellinie.

Die Genossenschaft hat eine Facebook-Seite eingerichtet, auf der die wöchentlichen Angebote stehen, es gibt eine entsprechende Internetseite, und Wirtensohn verfolgt den Grundsatz: Keine Aktion ohne Presse. „Man muss sich immer im Gespräch halten“, sagt er und pflichtet damit seinen Gesinnungsgenossen in Barmen und Otersen bei – ausruhen und zurücklehnen, das geht nicht.

Wirtensohn hat auch kein Erfolgsrezept auf Lager für den Betrieb eines Dorfladens. Man müsse das richtige Gespür für die Wünsche vor Ort entwickeln, sagt er vage. Der Laden müsse den richtigen Standort haben – zentral, mit Platz davor, und die richtige Größe – nicht zu groß, nicht zu klein. „Wenn man in einer Gegend wohnt, in der wenig Wert auf Regionales gelegt wird, ist das sicher auch schwierig“, meint er. Seiner Meinung nach sind Kinder dabei die besten Motoren: Die erziehen dann ihre Eltern. Wirtensohn selbst lädt immer wieder Schulklassen auf den Bauernhof ein. „Denen erkläre ich dann, wie das ist mit den Kühen, der Milch, dem Fleisch. Die Stadtkinder wissen das ja heute gar nicht mehr.“ Ab und zu taucht dann im Dorfladen ein Vater oder eine Mutter auf und erzählt, dass das Kind habe wissen wollen, wo die Milch aus dem Kühlschrank herkomme.

Wirtensohn erzählt viele solche Geschichten, eher beiläufig, lässt den Stolz allenfalls durchschimmern. Fällt allerdings das Wort „Supermarkt“, verlässt er den Plauderton. Die frühere Geschäftsführerin erwähnte einmal gegenüber Journalisten, dass sie einen „Supermarkt“ in Gelting betreibe. Als Franz Wirtensohn das später in der Zeitung las, lud er umgehend zu einer Pressekonferenz ein. „Ich habe sofort richtig gestellt: Wir sind überhaupt kein Supermarkt und gar nichts, sondern ein Tante-Emma-Laden, wie früher. Nur dass damals nicht so viele Leute ein Auto hatten.“ Damit meint er nicht, dass die Geltinger heute schneller zum Discounter kommen. Dank Auto kommen die Kunden gegebenenfalls schneller zum Dorfladen – das ist der Unterschied zu früher.

Steckbrief Dorfladen Gelting
Lage: In der Nähe von Wolfratshausen
Gründungsjahr: 2008
Organisationsform: Genossenschaft
Größe: 120 Quadratmeter
Öffnungszeiten: Mo-Fr 7-18 Uhr, Sa 7-13 Uhr, So 8-10 Uhr
Internet: www.dorfladen-gelting.de
Besonderheiten: Fokus auf regionalen Spezialitäten, Café mit käuflichen Bauernmöbeln

Extra:

– Die Hofmolkerei Bay –
Lieber selbstständig als pleite

Als die Milch nur noch die Hälfte wert sein sollte, hat es Carmen Genzinger gereicht. Die Lage auf dem Hof im Herzen Oberbayerns war immer schwierig gewesen, schon in den Jahren zuvor hatten ihr Lebensgefährte Philipp Bay und sie Verluste angehäuft. Aber so wenig wie die Molkerei nun für die Milch der 45 Kühe zahlen wollte, grenzte die Arbeit im Stall an Ausbeutung. „Entweder wir hören auf oder wir lassen uns etwas einfallen“, sagte die 37-Jährige zu ihrem Freund, und so wie sie es erzählt, ist klar: Carmen Genzinger hatte eine Idee. Sie gründete ihre eigene Molkerei. Nach einem halben Jahr schrieb sie Gewinne, drei Jahre nach dem Startschuss erwägt sie nun, einen Mitarbeiter einzustellen.

Dass es so laufen würde, hätte sich die schlanke, quirlige Frau mit dem Pferdeschwanz höchstens erträumt. „Planen kann man das nicht“, sagt sie und lacht. Es war für sie eine Flucht nach vorn, ein Umbruch, von denen sie schon mehrere erlebt hatte. Genzinger stammt aus dem Ruhrgebiet und spricht auch so. Die Liebe verschlug sie ins Dorf Gelting in die Nähe von Wolfratshausen, sie fand in der nahe gelegenen Kleinstadt Penzberg eine Stelle als Programmiererin. Als ihr Freund sie zum Milchholen auf den Nachbarhof schickte, verliebte sie sich in den Sohn der Bauern – Philipp Bay. Nach einigem Hin und Her zog sie mit ihrer Tochter in das alte landwirtschaftliche Anwesen schräg gegenüber von ihrem bisherigen Freund. Wenn sie nicht für ihren Arbeitgeber in Penzberg tätig war, half sie im Stall aus. Dann verlor sie den Job als Programmiererin, und der Milchpreis halbierte sich nahezu: Es war Zeit für eine weitere Wendung.

Carmen Genzinger macht den Eindruck eines unkomplizierten Menschen; sie fand Anschluss im Dorf, ohne sich verbiegen zu müssen. Und sie denkt praktisch: Verspätet sich der Besuch um eine halbe Stunde, nutzt sie die Zeit für ein Nickerchen – und freut sich darüber.

Der Geltinger Dorfladen liegt etwa 100 Meter vom Bayschen Hof entfernt; er eröffnete, kurz bevor sich Genzinger und Bay zum Sprung in die Selbstständigkeit entschlossen. „Ich habe beim Landratsamt angerufen

und gefragt, was man machen muss, damit man Milch an den Laden verkaufen darf", erzählt Genzinger. „Ich kannte mich ja auch nicht aus, wusste nicht, wie viel man selbst herstellen darf." Bislang hatte die Molkerei alles abgenommen.

Nach wenigen Monaten und entsprechenden Kursen bei den Prüfstellen hielt sie ein Zertifikat in den Händen: Fortan durften sich Genzinger und Bay „Hofmolkerei" nennen. Mit Beratung von der Muva Kempten, quasi dem Molkerei-TÜV, kauften sie Basisgeräte: Einen Bottich zum Pasteurisieren, einen Joghurtbereiter, eine Flaschenwaschanlage sowie Gläser und Flaschen. Zum Lagern richteten sie ein Kühlhaus ein. Die Anfangsinvestitionen lagen bei 150.000 Euro, das Paar ergänzte Erspartes mit einem Bankkredit. Auf Fördermittel verzichteten sie – der bürokratische Aufwand schien ihnen zu hoch.

Die Molkerei ist im Souterrain des Hauses untergebracht, früher war es der Stall unter den Wohnräumen. Der Raum ist gekachelt, wer hinein will, muss sich Haube und Schutzschuhe überziehen. Darin steht ein riesiger Bottich aus Kupfer neben verschiedenen kleineren Geräten, Bottichen, der Waschanlage. Jeden Sonntagabend und jeden Dienstagabend pasteurisiert Carmen Genzinger darin Milch. Gelagert wird die nach der Abfüllung in einem Kühlhaus, das ebenfalls in dem Trakt untergebracht ist. Zweimal in der Woche stellt sie zudem Joghurt her.

„In der ersten Zeit habe ich nachts die Maschinen ausprobiert", erinnert sich Genzinger. Es ging um die richtige Mischung aus Menge, Zeit und Temperatur. Tagsüber arbeitete sie nach wie vor im Stall, war auf den 30 Hektar Land mit Heumachen beschäftigt und kümmerte sich um Haus und Tochter. Einen Teil der Milch liefert das Unternehmerpaar nun nach wie vor an die Molkerei; es zieht allerdings kein Jungvieh mehr auf und hält statt 45 nur noch 35 Kühe.

Die erste Kundin wurde gleichwohl nicht der Dorfladen, sondern eine Schule im nächsten Ort. Genzinger hatte bei der Leitung nachgefragt, ob Bedarf an Schulmilch bestehe. Die Schule liegt in einem sozial schwierigen Viertel, viele Kinder bekommen zu Hause kein richtiges Frühstück.

Fortan lieferte Genzinger 200ml-Becher à 45 Cent. Die Schüler können zwischen Vollmilch, Vanille- und Schokomilch wählen, für die älteren gibt es auch Eiskaffee. Das Geld wird vom Konto der Eltern abgebucht, so kommen die Kinder und Jugendlichen nicht in Versuchung, den Betrag anders zu verwenden. 500 Becher Milch liefert Genzinger pro Woche in die Schule, die Gewinnspanne pro Stück liegt bei etwa zehn Cent.

Mittlerweile beziehen fünf Schulen in der Gegend die Bay-Milch. In den Schulferien schließt das Ferienlager einer Jugendbildungsstätte das Nachfrageloch. Der Dorfladen erhält eine Kiste Milch und eine Kiste Joghurt am Tag – beworben mit dem Slogan der „kohlendioxidfreien Anlieferung“: Genzinger oder ihre zehnjährige Tochter bringen die Ware mit dem Leiterwagen ins Geschäft. Damit schafften es die zwei gar ins Fernsehen; der Bayerische Rundfunk porträtierte die Familie als Teil eines Beitrags über den Geltinger Dorfladen. Dort wird der Liter Milch für 1,10 Euro verkauft. Ein Edeka-Markt in Geretsried, drei Kilometer entfernt, hat ebenfalls Milch und Joghurt von der Hofmolkerei ins Sortiment aufgenommen. Der neueste Kunde ist ein Dönerverkäufer aus Wolfratshausen. Er verwendet das Baysche Joghurt für Soßen.

Insgesamt kommt die Hofmolkerei mittlerweile auf 900 Liter pro Woche; damit ist nach drei Jahren fast das Fünf-Jahres-Ziel von 1.000 Litern erreicht. „Ohne die Hofmolkerei wären wir schon längst pleite“, sagt Genzinger. Sie denkt darüber nach, in die Käseproduktion einzusteigen und das Joghurtsortiment um verschiedene Fettstufen zu erweitern. Und sie will einen Mitarbeiter einstellen, um ein weiteres Ziel zu erreichen: Mehr Privatleben. Eine Woche Urlaub möchte sie in diesem Jahr machen, es wäre der erste seit drei Jahren. Genau genommen wären es Flitterwochen: Genzinger und Bay haben im Frühsommer geheiratet.

– Frabertsham –
Slow Shopping auf 33 Quadratmetern

Mit dem passgenauen Konzept kann sich jeder Standort lohnen

Der Leberkäs ist nicht gekommen, jetzt hat Katharina Gruber ein Problem. Weil doch Besuch aus Finnland da ist, die Enkelkinder, und es zu Mittag ein bayrisches Traditionsgericht geben soll. Ratlos steht die schlanke Frau, die grauen Haare zu einem Dutt hochgesteckt, an der Theke im Dorfladen Frabertsham und überlegt. Ohne Leberkäs fehlt ihrem Mittagessen der Hauptbestandteil. Bis nach Obing zu fahren zum Metzger, hat sie keine Zeit. Eigentlich hat sie auch keine Lust, bei dem Schneetreiben draußen ins Auto zu steigen, selbst wenn es nur ein paar Kilometer sind.

Die Verkäuferin zuckt bedauernd mit den Schultern und denkt laut über alternative Mittagessen nach, da kommt Hans Schloder in den Laden. „Kein Problem“, sagt er, nachdem er die Situation erfasst hat. „Ich muss sowieso rüber, ich bring dir den Leberkäs mit und fahr’ dann schnell bei dir vorbei.“ Rüber heißt: In den Nachbarort, in dem die Metzgerei Ober liegt. Frau Gruber seufzt erleichtert auf und bedankt sich. Dieses Problem wäre gelöst.

Wobei es ja nicht nur so ist, dass Hans Schloder gerade Zeit hat, weil er seinen Managerjob in München gekündigt hat und im Chiemgau eine Stelle sucht. Der 40-Jährige ist grundsätzlich ein Problemlöser, ein Optimist. Sonst hätte er das mit dem Dorfladen kaum in die Hände genommen. Anfangs hatte nämlich sogar der Dorfladen-Fachmann Wolfgang Gröll Bedenken. „Das war so eine Idee, die in bierseliger Runde entstanden ist“, erzählt Schloder. Beim Auslösen eines Firstbaums saß er mit zwei Freunden zusammen, und sie kamen ins Nachdenken über ihr Dorf und wie es mit diesem weitergehen soll. Das Baum-Auslösen ist eine Tradition in der Gegend: Wenn jemand baut, wird der oberste Balken im Dach gestohlen. Die bauende Familie muss ihn finden und zurückkaufen – mit Bier und Bratwürsten. Schloder und seinen Freunden fiel auf, dass sich diese Feste häuften. Es wurde wieder gebaut in dem 300-Seelen-Dorf.

München ist 65 Kilometer entfernt, durch den Ort führt die Bundesstraße 304, das scheint vielen zum Pendeln günstig. Auch im nahe gelegenen Wasserburg gibt es Arbeitsplätze. Grundsätzlich lässt es sich in Frabertsham nett leben. Es ist ruhig, grün, die Berge sind nah und der Chiemsee auch. Nur dass man für alle Dienstleistungen, Erledigungen und Freizeitaktivitäten irgendwo anders hin fahren muss: Es gibt keine Schule mehr, kaum Lebensmittel produzierende Bauern (also auch keine Hofläden und Direktvermarkter), selbst zum Kirchgang müssen die Frabertshamer ins vier Kilometer entfernte Obing ausweichen. Der Chiemgau ist streng katholisch geprägt. Auch ein Dorfplatz, ein Brunnen oder irgendein anders gestalteter Treffpunkt existiert nicht. Man sieht sich bei Feiern, im Trachtenverein, im Krieger- und Soldaten-Verein (der hat sich gehalten) oder im Gasthaus.

Der letzte Lebensmittelladen hatte vor Jahren geschlossen. Die Frabertshamer fuhren mit dem Auto zum Einkaufen nach Obing; außerdem kamen ein mobiler Bäcker und ein Metzger mehrmals pro Woche ins Dorf gefahren. „Wir haben gedacht, jetzt mit dem Neubaugebiet, wo der Ort wieder leicht wächst, das ist die Gelegenheit: Wir müssen etwas machen, wir brauchen wieder einen Dorfladen.“ Fünf Jahre später steht Hans Schloder mittendrin in seiner wirklich gewordenen Idee. Genau genommen ist es eher ein Dorflädchen – ein Vollsortimenter auf 33 Quadratmetern. Regale ziehen sich bis zur Decke, in der Mitte schließt ein halbhohes Regal an eine Mini-Tiefkühltruhe an, in der sich vier verschiedene Sorten Pizza, Fischstäbchen und drei Sorten Eis finden. Den Abschluss bildet eine Frischetheke mit Wurst-, Käse- und Brotauslage. Davor ist ein Stehtisch eingepasst. Der Dorfladen Frabertsham ist eine umgebaute Garage.

„Die Lage ist günstig, die Miete auch“, fasst Schloder die Vorteile zusammen. Der Laden grenzt an den Gasthof und teilt sich mit ihm Vor- und Spielplatz. Außerdem gibt es eine Handvoll Parkplätze, und die Bundesstraße führt direkt vorbei. Am Ortseingang wirbt ein gut sichtbares Schild für einen Halt am Laden. Schloder und seine Mitstreiter haben die Öffnungszeiten an den Pendlerströmen ausgerichtet: Ab 6 Uhr in der Früh gibt es belegte Brötchen, Gebäck, Kaffee und Zeitungen. Der Dorfladen macht 75 Prozent seines Umsatzes mit Frischeprodukten, einen Großteil davon morgens. Ab 8 Uhr wird es ruhiger, später kommen dann die Haushaltseinkäufer – wie Katharina Gruber.

In der Regel packt die Rentnerin den Korb aufs Fahrrad und fährt den halben Kilometer von ihrem Haus zum Laden. Nur wenn es glatt ist oder viel Schnee liegt, nimmt sie das Auto. „Ich kaufe alles hier", sagt sie und zeigt auf ihren geflochtenen Handkorb. Eier liegen drin, Joghurt, Butter, Wurst. Einzeln ist alles zwar ein paar Cent teurer als beim Edeka in Obing, wo Katharina Gruber früher eingekauft hat. „Aber ich gebe trotzdem nicht mehr Geld aus", sagt sie. „Ich kaufe nur noch das, was ich wirklich brauche. Früher hat man immer mal etwas mitgenommen, und dann stand es in der Speis, bis man es irgendwann wieder entdeckt hat und gedacht, na jetzt esse ich es auch nicht mehr." Gruber geht einmal in der Woche einkaufen; während der Woche ist sie mit ihrem Mann allein, am Wochenende sind sie in der Regel zu sechst – und manchmal zu zehnt, wenn Besuch aus Finnland kommt.

Der Laden schließt um 13 Uhr, am späteren Nachmittag ist dann noch einmal zwei Stunden offen. Die frühen Öffnungzeiten waren ein Tipp von Unternehmensberater Gröll. Hans Schloder war etwa zwei Jahre nach der ersten, bierseligen Ideenrunde über Internetrecherchen auf den Unternehmensberater gestoßen. Inzwischen hatte er mit seinen zwei Freunden, dem selbst ernannten „Triumvirat", einen Businessplan erstellt, hatte Förderprogramme abgeklopft und Kontakte zur Industrie- und Handelskammer geknüpft. Außerdem warben sie im Dorf um Sympathisanten – schließlich ging es ihnen auch darum: Wollen das die Frabertshamer überhaupt? Einen Laden? Eine Nahversorgung? Einen Treffpunkt? 2011 erstellte ihnen Gröll ein 30seitiges Gutachten, die Kosten dafür trug die Industrie- und Handelskammer. Fazit: Frabertsham ist ein Grenzfall. Klein die Ladenfläche, klein der Einzugsbereich, entsprechend gering die Kaufkraft. Probiert es, riet der Berater Hans Schloder und seinen Mitstreitern, aber Garantie gibt es keine. Nutzt die Lage an der Bundesstraße, so gut es geht.

Die Frabertshamer gründeten nach mehreren Bürgerversammlungen eine Unternehmer-Gesellschaft. Das Risiko für den einzelnen war dadurch gering, der Einzelne haftet nur für seinen Anteil und trägt eventuelle Verluste nicht mit. Die Euphorie hielt sich trotz der abgesicherten Geschäftsform anfangs in Grenzen. Die Frabertshamer waren misstrauisch: Kann das funktionieren? Ist das nicht eine Luftschloss-Idee? Schließlich verkauften die Initiatoren 100 Anteile zu je 180 Euro. Das reichte aber nicht. Also dachte sich das Triumvirat eine zweite Säule aus: Unternehmensanleihen mit einer Verzinsung von 5,75 Prozent. Zum Teil wurden sie von denselben Leuten gekauft, die Gesellschafter sind, zum Teil von Menschen von außerhalb, denen die Idee gefiel. 14.000 Euro sammelte die Gesellschaft so zusätzlich ein, somit kamen sie auf ein Startkapital von 32.000 Euro.

Die Garage gehört dem Wirt, er vermietete sie für eine symbolische Kaltmiete von 50 Euro im Monat. Der Gastwirt ist gleichzeitig Gemeinderat. Umbau und Ausbau leisteten Helfer aus Dorf und Freundeskreis so lange ehrenamtlich, bis Schloder ein schlechtes Gewissen bekam. „Am Ende haben wir Gutscheine ausgegeben, oder Unternehmensanteile – manche waren wochenlang da und haben mitgearbeitet, ohne einen Cent zu sehen."

Das Sortiment stellen sie bis heute aus Waren von 15 verschiedenen Lieferanten zusammen; einem auf Kleinflächen spezialisierten Großhändler und mehreren Mittelständlern aus der Gegend. Einzelne Wünsche kaufen sie privat zu. Drei Bäcker bringen Brot, Brötchen, Gebäck und Kuchen. Einer ist vertragsbrüchig geworden und kommt trotz anderer Absprachen wieder mit dem mobilen Wagen ins Dorf gefahren. „Das schadet uns schon, aber der lässt einfach nicht mehr mit sich reden." Schloder hat es mehrfach erfolglos versucht.

Die Wurstwaren kommen aus Obing, das steht auf jedem Schildchen an der „Frabertshamer Frischetheke". Weißgetauchte von Metzger Ober, Mehl von der Walchmühle, Brot von Oba Hunga aus Grießstädt. Bier aus der Gegend natürlich. „Wir bemühen uns alles, was regional zu beschaffen ist, auch zu kriegen", sagt Schloder.

Schwieriger ist es mit Neuem, da muss man in Frabertsham behutsam vorgehen. Die meisten vertrauen auf das, was sie kennen. Sie versuchen es im Dorfladen mit einzelnen Vorstößen – vor dem Bio-Saft, der neu im Regal steht, prangt ein knallorangenes Schild auf dem steht: „Besser Bio". Es fällt auf. Der Absatz könnte gleichwohl besser sein, gesteht die Verkäuferin. Ingwer hingegen, der nicht gerade als regionaltypisch gilt, scheint so gefragt zu sein, dass ein ganzer Korb voll im Obstregal prangt. Schloder schmunzelt. „Wir essen hier nicht nur Pressack, bloß weil wir in der Provinz sind."

Einmal pro Woche entwirft er mit seiner Frau, die zugleich Geschäftsleiterin ist, einen Werbezettel am Computer. Vorn sind die Angebote mit Bildern abgedruckt, hinten stehen aktuelle Informationen oder Anzeigen von Partnern. Die Schloders kauften sich extra einen Farblaserdrucker, um die Blättchen zu Hause ausdrucken zu können. Auf die Dauer wird das aber zu teuer – inzwischen übernimmt das eine Druckerei. Das Blatt erscheint in der Auflage von 170 Stück, Helfer oder die Schloders selbst tragen es aus. Letztlich funktioniert der Dorfladen so wie jeder andere Supermarkt auch: Die Angebote, auf ähnlichem Preisniveau wie in herkömmlichen Lebensmittelmärkten, locken die Kunden in den Laden. Und wenn sie schon einmal da sind, nehmen sie das eine oder andere Schmankerl mit. Oder Waschmittel, Klopapier und eine Tiefkühlpizza – es gibt ja alles.

Ein Jahr nach der Eröffnung gibt es eine Flasche Sekt zum Jubiläumspreis von 4,99 Euro. Der Laden hat es im ersten Jahr ohne Verluste geschafft, das ist ein Grund zum Feiern. Erstens macht so eine Initiative in den ersten Jahren oft Minus, zweitens gab es ja auch in Frabertsham Rückschläge: Als die bei Ebay ersteigerte Wurstmaschine schlapp machte, musste kurzfristig eine neue her – da sind gleich ein paar hundert Euro weg. Oder der mühsame Weg zu den richtigen Einkaufsmengen. Anfangs essen die Schloders zu Hause, was im Dorfladen abgelaufen war, Milch, Käse, auch Trockenprodukte. Auch die fünf Teilzeitangestellten gingen anfangs oft mit vollen Taschen nach Hause.

Inzwischen wissen die Schloders (die für Einkauf und Preise verantwortlich sind) besser, wie viel sie von welchem Produkt bestellen. Der Umsatz ist seit dem Winter stabil gestiegen, und seit März kann man im Dorfladen auch mit dem „Chiemgauer" bezahlen. Der „Chiemgauer" ist als Regionalwährung seit zehn Jahren im Umlauf, mehr als 600 Firmen in der Gegend um den Chiemsee machen mit. Ein Chiemgauer entspricht einem Euro. Für Unternehmer ist ein Anreizsystem geschaffen worden, um die Scheine im Umlauf zu halten – liegt der Chiemgauer zu lang in der Kasse, verliert er an Wert. Die parallelen Zahlmöglichkeiten sind zwar kein Riesenaufwand, sie müssen aber organisiert werden – das macht man nicht, wenn man an der Zukunft des Ladens zweifelt. Schloder denkt gar über eine Dividende für die Anteilseigner nach: Bei der Jahresversammlung soll es kostenlos Essen und Getränke geben.

Und die Bilanz hinter der Bilanz? Das Ziel des Dorffest-Triumvirats war ja nicht, maximalen Gewinn zu erwirtschaften, sondern eine Dienstleistung anzubieten als Motor für den sozialen Zusammenhalt. Katharina Gruber findet es gut, dass der Laden von jungen Familien, darunter vielen Zugezogenen, angeregt und umgesetzt wurde. Das werde schon bemerkt, sagt sie. Sie freut sich auch, ihre Nachbarn wieder öfter zu treffen – der Hof der Grubers liegt etwas isoliert, ohne direkten Gartenzaun-

Kontakt. „Aber nicht dass Sie denken, wir ratschen hier über andere“, sagt sie. „Man plaudert halt eher einmal, erfährt wieder etwas vom anderen.“ Schloder nennt das „Slow Shopping“, und schließlich meldet sich auch der Mann zu Wort, der auf dem Weg in die Arbeit seine Bierflaschen abgibt und bis dahin schweigend dem Gespräch zuhörte. „Es ist ganz einfach: Vorher saß jeder in seinem Auto, und jetzt trifft man sich hier mal.“

Steckbrief Dorfladen Frabertsham
Lage: Nahe Wasserburg am Inn
Gründungsjahr: 2011
Organisationsform: U.G.
Größe: 33 Quadratmeter
Öffnungszeiten: Ab 6.30 Uhr morgens, mittags längere Pause
Besonderheiten: Man kann mit dem Chiemgauer bezahlen

– Böhlen –
„Ganz tot sind wir noch nicht“

Von der Schwierigkeit, die Bürgerinnen und Bürger mitzunehmen

Knapp 400 Kilometer weiter nördlich träumt Reinhard Krannich allenfalls von einer Geschäftsentwicklung wie in Frabertsham, und nicht einmal das wagt er mehr. Der ehrenamtliche Bürgermeister von Böhlen steht im Dorfladen und zählt auf, was er vom vorigen Betreiber übernommen hat: Die Einrichtung, die Umsatzschwierigkeiten und die Katze Frieda. Letztere schläft am liebsten den Tag über auf dem Heizkörper am Eingang. Schließt der Laden, muss auch sie gehen und sich draußen ihr Futter für die Nacht suchen. Morgens ist sie als erste wieder da und knipst mit Hilfe des Bewegungsmelders das Licht an.

Reinhard Krannich also sitzt am Tisch neben dem Heizkörper und krault Frieda zwischen den Ohren. Selten verirrt sich an diesem Nachmittag ein Kunde in den Laden, meist ist es ruhig. Verkäuferin Gabi Staude geht die Bestelllisten durch und bringt dem Bürgermeister Kaffee und ein belegtes Brötchen.

Krannich wäre es lieber, sie hätte dazu keine Zeit. Der Laden bereitet ihm seit seiner Eröffnung Sorgen: Die Böhlener fremdeln mit dem Geschäft in ihrer Mitte, dem letzten verbliebenen im Dorf. „Die Leute schauen nur auf den Preis, und wer kann, fährt mit dem Auto zum Supermarkt im Nachbarort."

Böhlen liegt im Thüringer Wald unweit des Rennsteigs. Von Osten her windet sich eine schmale Straße durch enge, bewaldete Hänge hinauf bis zum Ortsschild. Eine Busverbindung zwischen Meuselbach im Tal und Böhlen gibt es nicht; zwischen den Orten liegt die Kreisgrenze. Entlang der Dorfstraße reihen sich schlichte, schiefergedeckte Häuser, umringt von dichtem Nadelwald. Das Leben auf 650 Metern Höhe ist immer karg, Landwirtschaft nie rentabel gewesen. Böhlen hat von der Holzwirtschaft gelebt. Zu DDR-Zeiten war ein Möbelwerk der größte Arbeitgeber über die Ortsgrenzen hinaus.

Von der Fabrik ist eine Sparte für Kindermöbel geblieben. Mit den jungen Menschen sind auch die Bewohner abgewandert, die Kinder in die Welt setzen würden. In den vergangenen Jahren hat Böhlen fast 20 Prozent seiner Einwohner verloren, etwa 600 sind es nun noch. Um die, die bleiben, wird es einsam. Böhlen liegt weder im Speckgürtel einer Großstadt, noch konnte es sich als Ruhestandsparadies für wohlhabende Rentner etablieren. Das Ergebnis sieht man bei einer Fahrt entlang der Hauptstraße: Von 200 Häusern stehen 16 leer, andere haben ihre besten Zeiten sichtbar hinter sich. Einen Bahnhof gibt es nicht. Die Busverbindung ist ausgedünnt, in Richtung Osten kommt man gar nicht mit öffentlichen Verkehrsmitteln. Es ist still im Dorf, niemand ist auf den Straßen zu sehen, keine Kinderstimmen sind zu hören.

Wenn jemand stirbt, merkt es Verkäuferin Staude am Monatsende in den Büchern. „Dann bricht Umsatz weg", sagt sie und erzählt von dem älteren Ehepaar, das regelmäßig im Dorfladen eingekauft hat. Liebe Leute seien das gewesen, sie kamen immer zusammen. Die Frau starb, der Mann ging ins Altersheim. „Das waren 500 Euro im Monat, die uns nun fehlen", bilanziert die Verkäuferin. Im vergangenen Jahr sind 13 Menschen in Böhlen gestorben. Einer wurde geboren.

Die Kundschaft muss gar nicht mehr weglaufen. Sie sterbe weg, sagt Krannich. Er meint das nicht sarkastisch. Der Bürgermeister denkt alle paar Monate ans Aufgeben, seit über einem Jahr geht das schon so. Dabei hatte es so euphorisch begonnen vor vier Jahren.

Demographischer Wandel

- Dem *Statistischen Bundesamt* zufolge soll die Zahl der über 64-Jährigen bis 2060 auf 22 Millionen steigen – derzeit sind es knapp 17 Millionen. Das ist eine Steigerung um fast 30 Prozent.
- Die Zahl der jüngeren, erwerbsfähigen Menschen zwischen 15 und 64 soll im gleichen Zeitraum von 53,5 auf 35,2 sinken.

Im Frühjahr 2008 erklärte der Betreiber des Dorfladens in der Ortsmitte, dass er aufhören will. Seit der Wende hatte er den ehemaligen DDR-Konsum als Einkaufsmöglichkeit erhalten; mit jedem Supermarkt, der sich im drei Kilometer entfernten Großbreitenbach ansiedelte, kamen weniger Kunden. Als Kaufland in Ilmenau aufmachte, eine knappe halbe Stunde mit dem Auto entfernt, wurde es ganz schlimm. Gegen diese Preise und das Angebot kam er nicht an. Bürgermeister Krannich lud das Dorf ins Bürgerhaus ein. Der Laden war außer der Sparkassenfiliale das letzte Angebot im Ort. „Wir wollten das Geschäft unbedingt erhalten, es stand ja irgendwie für das Leben bei uns."

Am selben Abend im Bürgerhaus beschloss eine Handvoll Böhlener, einen Verein zu gründen. Er sollte den Dorfladen auf die Beine stellen und betreiben. „Etwas anderes ist uns auf die Schnelle nicht eingefallen", sagt Krannich rückblickend. Er selbst drängte auf einen raschen Entschluss, denn der Laden sollte nicht leerstehen. Die Dorfbewohner sollten sich gar nicht erst an die fehlende Mitte gewöhnen, außerdem wollten sie die Beziehungen zu den Lieferanten halten. Die Geschwindigkeit war ein Fehler, findet der Bürgermeister nun. Der Verein band nur wenige Einwohner, zu wenige für eine ausreichende Basis im Dorf. „Eine Genossenschaft wäre besser gewesen. Märkchen wie früher beim Konsum, da hat man so eine Gewinnbeteiligung bekommen."

Krannich kennt die DDR noch aus Jugendtagen. Der 55-Jährige stammt aus Großbreitenbach und ist nach der Hochzeit zu seiner Frau nach Böhlen gezogen. Zweimal in der Woche fährt er nach Jena, wo er in der Landesanstalt für Umwelt und Geologie für Fließgewässer zuständig ist. Einen Teil kann er von zu Hause arbeiten, außerdem sitzt Krannich seit

1990 im Gemeinderat. Die Aufgabe als Bürgermeister liegt ihm, er geht gern mit Menschen um. Er hat auch Ideen für sein Dorf, als Bürgermeister kann er sie konkret werden lassen und die Umsetzung zumindest versuchen. Krannich ist Optimist, ein Stehaufmännchen. Er ackert und rackert für sein Dorf; meist hat er einen Termin zu viel im Kalender und kommt deswegen zu spät zu Verabredungen.

Zunächst schien die Vereins-Idee zu zünden. 56 Böhlener wollten spontan in den Verein „Bürger für Böhlen“ eintreten, die Gebühr lag bei 50 Euro. Die Gemeinde kaufte dem Eigentümer die restlichen Waren ab und schenkte sie dem Verein, insgesamt investierte sie 20.000 Euro. Das Land Thüringen bezahlte fünf Verkäuferinnen für ein Jahr. Krannich und seine Mitstreiter kauften einige Waren nach, reparierten und renovierten mit ehrenamtlichen Helfern. Um das Sortiment kümmerte sich von Anfang an Gabi Staude, die schon beim Vorgänger hinter der Theke gestanden hatte. Wenige Wochen nach der ersten Versammlung öffnete der „Dorfladen Böhlen“. Das Prinzip sollte das gleiche bleiben: Der Laden als Nahversorgung für die Dorfbewohner.

Der Eingang zum Geschäft liegt ein paar Treppenstufen über Niveau der Hauptstraße. Drinnen stehen niedrige Verkaufsregale, in der Ecke sind Getränkekisten gestapelt. Links hinten liegt eine etwa 1,50 Meter lange Frischetheke, sie schließt direkt an die Kasse an. In der Auslage sind Wurst und Käse angerichtet, sie wird einmal in der Woche von einem mit Staude befreundeten Metzgerlehrling gestaltet. In den Tagen danach steigt der Umsatz mit Frischewaren jedesmal deutlich. Staude kocht auch Kaffee, es gibt belegte Wurst- und Käsebrötchen sowie Kuchen. In einer Ecke neben dem Eingang, mit Blick auf den Dorfplatz und die Straße, stehen ein Tisch und vier Stühle. Ergänzende Angebote, etwa Post, Apothekendienstleistungen oder besondere regionale Produkte, gibt es nicht. Ein einzelner „Thüringer Geschenkekorb“ mit abgepackter Wurst und Naschwerk steht etwas verloren im Mittelregal, neben einem Korb mit reduzierten Weihnachtssüßigkeiten. Insgesamt, mit Lager und Büroräumen, misst der Laden 200 Quadratmeter.

Anfangs kamen die Böhlener aus Neugier. Der Verein lud zum Sommerfest, warf Flugblätter mit den wöchentlichen Angeboten in die Briefkästen. Nach und nach sank jedoch der Umsatz; außerdem ging nach einem Jahr die Förderung des Landes zu Ende, der Verein musste die Verkäuferinnen selbst bezahlen. Bei der Jahresbilanz kam das Erwachen: Der Verein hatte schlecht gewirtschaftet. Vor allem die Kosten für Personal waren viel zu hoch. Es kam zum Streit. Vorstandsmitglieder gingen im Zorn – und mit ihnen ein Teil des Dorfes. Damit verlor der Laden auch weitere Kunden: Anhänger der einen Hälfte kauften aus Prinzip nicht mehr ein.

An der Spitze des Vereins stand in der Folge Reinhard Krannich, er hat einen Stellvertreter und einen Kassierer als Unterstützung. Bis auf Gabi Staude mussten alle Verkäuferinnen aufhören. Wenn es eng wurde, etwa bei vielen Brötchenbestellungen vor Feiertagen, half fortan ihre Tochter unentgeltlich mit. Krannich verhandelte wochenlang mit dem Vermieter, um den zweiten großen Posten – die Miete – zu senken. Bislang zahlten sie 700 Euro Kaltmiete. Nun einigten sie sich auf einen symbolischen Obulus. Außerdem sammelte der Verein einen Jahresbeitrag von seinen Mitgliedern ein.

Seitdem ist es ein Nullsummenspiel geblieben. In den übersichtlichen Regalen gibt es im Prinzip alles, was man braucht; der Laden wird von der Kleinformat-Schiene bei Rewe beliefert. Staude berechnet etwa 15 Prozent Spanne zwischen Einkaufs- und Verkaufspreis. Das Sortiment hat sie auf das ältere Publikum abgestimmt: Dunkle Schokolade statt Vollmilch, zum Beispiel. Besonderes bestellt sie auf Wunsch, Sojajoghurt etwa für ein Mitglied aus dem Vorstand. Brötchen und Brot werden in einem Ofen von der Firma Harry aufgebacken – es sind die Schrippen, die auch bei Discountern und Supermärkten in den Selbstbedienungsregalen liegen.

„Die Leute wollen das“, sagt Krannich und zuckt mit den Achseln. „Ich schwöre ja auf das Sauerteigbrot vom Bäcker im Nachbardorf.“ Gabi Staude, die Ladenchefin schmunzelt. „Da bist du aber der einzige.“ Die Kunden schauten auf den Preis, und die Aufback-Schrippe ist nun einmal ein paar Cent billiger als das Bäckerbrötchen. Das Angebot regionaler Waren ist im Übrigen auch von der Anbieterseite her gescheitert: Mehrere fahrende Bäcker kommen täglich durch Böhlen. Mit einem war abgesprochen, dass seine Waren im Laden angeboten werden und er dafür nicht mehr vor der Ladentür hält. Nur: Der Bäcker ist einfach weiter durchs Dorf getingelt. „Er hat die mündlichen Absprachen einfach ignoriert.“

Auf Herkunft legen die Böhlener nur bei Wurst und Fleisch Wert. Die Waren kommen aus einem Betrieb im Nachbardorf. Ansonsten versteht sich der Dorfladen explizit als Mini-Supermarkt, nur eben einen Tick teurer.

An manchen Tagen ist mehr los, an manchen weniger. Staude und Krannich kennen ihre Kunden, mit Namen und Anschrift. Sie kennen somit auch alle, die nicht Kunden sind. Es ist die große Mehrheit. Wenn es besonders hart wird, trifft sich der harte Kern des Vereins, ein knappes Dutzend Leute. Zehn reden vom Aufhören, einer sagt, wir machen weiter. Und so geht es weiter.

Der Bürgermeister hängt am Laden. Das Lebensmittelangebot für die älteren, einsamen und unmobilen Dorfbewohner ist für ihn das eine; das andere ist das Dorf selbst. Krannich fürchtet, dass Böhlen seinen letzten Anker verliert, wenn das Geschäft schließt. „Hier erfährt man auch immer etwas“, sagt er. Zum Beispiel, dass eine junge Frau aus dem Dorf schwanger ist. Die erste Schwangerschaft des Jahres, noch im Winter. Für den Böhlener Bürgermeister ist das ein Hoffnungszeichen. Er will die werdende Familie auf jeden Fall persönlich besuchen und mit ihnen anstoßen. „Sonst gehe ich auf die 80-jährigen Geburtstage, die 85-Jährigen, die 90-Jährigen“, sagt der Bürgermeister. „Wir haben eine Bevölkerungspyramide, die steht auf dem Kopf, wenn da ein neuer Mitbürger hinzukommt, das wird gefeiert.“ In diesem Jahr wollen sie versuchen, mehr mit den Vereinen zusammenzuarbeiten. Die Feuerwehr, das Rotes Kreuz und die Gymnastikgruppe könnten für ihre Feiern Lebensmittel und Getränke im Dorfladen bestellen. Auch einen Sportverein gebe es noch, wendet Verkäuferin Gabi Staude ein. „Ganz tot sind wir noch nicht.“

Steckbrief Dorfladen Böhlen
Lage: Nahe dem Rennsteig, Ilmkreis
Gründungsjahr: 2009
Organisationsform: Verein
Größe: 200 Quadratmeter inkl. Lager und Büroräumen
Öffnungszeiten: Ab 8.30 Uhr, längere Mittagspause
Internet: www.boehlen.de
Besonderheiten: Einzigartig war die Dorfladenkatze Frieda

– Harthausen –
„Wenn kein Konzern kommt, machen wir es halt selber“

Generationenübergreifendes Engagement

Mit schrumpfender Kaufkraft haben sie in Harthausen kein Problem. Das Dorf, an der Münchner Ostumfahrung gelegen, wächst. Linkerhand am Ortseingang ist ein Neubaugebiet ausgewiesen, in dem lindgrüne und blassrosa Einfamilienhäuser stehen. Es sind noch Grundstücke frei. Auf einigen wird gebaggert: Die hohen Preise in München treiben junge Familien in die Dörfer im Umland ohne S-Bahn-Anschluss, wo die Baupreise günstiger sind. In Harthausen gibt es gar einen Verein, der eigens dazu da ist, die Zugezogenen zu integrieren: Den Stopslerverein. Seine einzige Aktivität besteht im Prinzip darin, sich einmal im Monat im Gasthaus auf ein Glas Bier zu treffen. Wer neu ist, kommt dazu. So lernt man sich kennen.

Johanna Mayer ist selbst einmal so eine Stopsler-Anwärterin gewesen. Vor 25 Jahren hat sie ihren Mann kennengelernt und ist ihm zuliebe von Rosenheim in das 850-Einwohner-Dorf gezogen. Johanna Mayer hat dichte braune Haare, sie ist schlank, quirlig und macht problemlos zwei Sachen gleichzeitig – Reden und Schnapsfläschchen im Regal zurechtrücken oder Telefonanrufe annehmen und Bestelllisten durchgehen zum Beispiel. Sie ist ein sehr praktisch orientierter Mensch; es hat nicht lang gedauert, bis sie sich in Harthausen daheim gefühlt hat. Immerhin gibt es sieben Vereine, in denen man Anschluss an die eingesessene Bevölkerung finden kann. „Wer gern in der Dorfgemeinschaft dabei ist, ist dabei“, sagt sie. Als sich zwei Dutzend Bürger zusammensetzten und beschlossen, dass sie in ihrem Dorf ein Lebensmittelgeschäft gründen wollen, ist Mayer dazugestoßen. „Interessemäßig“, wie sie sagt. Die Kinder waren aus dem Gröbsten heraus, sie wollte wieder mehr als die paar Wochenstunden in ihrem Beruf als Floristin arbeiten. Die Herausforderung kam zur rechten Zeit.

Nun ist Harthausen keines dieser bemerkbar in Lager geteilten Dörfer, es gibt keine offen verfeindeten Gruppen oder sonstige Empfindlichkeiten. Aber es gab eine ganze Reihe Skeptiker, als die Arbeitsgruppe eine Mini-GmbH gründen und im ehemaligen Feuerwehrhaus einen Dorfladen einrichten wollte. Die Feuerwehr hatte sich neben dem ursprünglichen Grundstück ein neues Haus hingestellt, das alte Gebäude wollte die Gemeinde den Harthausener Bürgern überlassen. Die Bedenkenträger fragten: Kann sich so ein Laden tragen? Sie erinnerten daran, dass der letzte Lebensmittelladen wegen des geringen Umsatzes zugemacht habe. Dass sich für die Metzgerei, deren Inhaber acht Jahre zuvor aus Altersgründen den Betrieb eingestellt hatte, nie ein Nachfolger gefunden habe – aus demselben Grund. Dass ja nicht einmal mehr die Sparkasse eine Filiale im Ort aufrecht erhalten habe wollen. Die meisten Familien in Harthausen haben ein oder zwei Autos, die nächsten Supermärkte liegen drei Kilometer entfernt in Zorneding, Höhenkirchen und Haar, irgendwie kommt man da immer durch auf dem Weg zur Arbeit oder wenn man sonst etwas zu erledigen hat. Wenn die Leute nur das Nötigste im Dorfladen einkaufen, trägt sich das doch nie, so die Argumentation.

Johanna Mayer nahm die pessimistischen Warner sportlich. So hätten sie zumindest um Fallstricke gewusst, seien an manchen Punkten extra vorsichtig gewesen. Überhaupt schützt Skepsis vor blauäugiger Euphorie. Letztlich setzten sich im Wirtshaus die Optimisten durch; eine Gruppe aus jungen Familien, älteren Alleinstehenden und alteingesessenen Landwirten stimmte für das Projekt. Harthausen gründete eine Unternehmergesellschaft, Teilhaber kauften sich mit 200 Euro ein. Am Ende hatte das Dorf 40.000 Euro als Startkapital beisammen.

Damit ging die eigentliche Arbeit los. Die Feuerwehr hatte das alte Gebäude nicht ohne Grund aufgegeben – es war in die Jahre gekommen. Die Innenräume mussten zudem ganz neu aufgeteilt werden, um den Anforderungen eines Lebensmittelgeschäfts zu entsprechen. Die Unternehmergesellschaft hatte sich trotzdem für das Haus entschieden, weil es mit 80 Quadratmetern Verkaufsfläche deutlich größer war als die frühere Bankfiliale oder die Metzgerei. Außerdem lag ein kleiner Platz vor dem Laden, der als Parkplatz oder für ein Café genutzt werden könnte.

Also musste das Dorf ran: Bauer Josef Karl, einer der Zugpferde für die Alteingesessenen, zog Wände und Decke neu ein; er ließ einzelne, helle Holzbalken ein, so dass die Räume an ein Bauernhaus erinnern. Manfred Meier, ein Malermeister, strich alles. Auf dem Fußboden verlegten sie rote Terrakotta-Fliesen, zur Eingangsseite sollten sich bodenlange Fenster öffnen. Geputzt wurde gemeinsam am Wochenende, die Regale kauften sie bei Ikea oder bauten sie selbst. Wieder andere halfen beim Aufstellen. Ein halbes Jahr dauerte die Renovierung. Keiner der Beteiligten erhielt dafür Geld. „Es war keine Riesenbelastung in dem Sinn, weil es Spaß gemacht hat“, sagt Maler Meier. „Wenn kein Konzern kommt, machen es wir halt selber.“

Entstanden ist eine Art großer Hofladen. An den Wänden ziehen sich die Waren bis auf Kopfhöhe, übersichtlich stehen im Raum niedrigere Regale. Besonderes ist in Holzaufstellern angerichtet, ähnlich wie in Gelting. Vom Eingang aus steuern Kunden unmittelbar auf die Wurst-, Käse- und Brottheke zu; dort ist auch die Kasse. An einem der Stehtische im Fenster verbringt der Maler regelmäßig seine Frühstückspause; mal liest er Zeitung, mal beobachtet er das Geschehen. Der Dorfladen öffnet um 7.30 Uhr, ab dann ist im Grunde genommen immer Betrieb. Im Sommer kommen am Wochenende die Ausflügler hinzu.

Viele der Zugezogenen wurden schon deshalb neugierig gemacht, weil der Laden in der Sichtweite ihres Viertels liegt. Und die Zauderer? Viele von ihnen gehörten zu den älteren, eingesessenen Harthausenern. Sie ließen sich von Frigga Mauritz überzeugen. Die Rentnerin, graue, elegant frisierte Haare, Lippenstift, schlank und stilvoll gekleidet, hat schon immer in Harthausen gelebt. In ihrer Jugend gab es noch ein Lebensmittelgeschäft im Ort, das war lange bevor Neubaugebiete entstanden. Anders als viele ihrer Altersgenossen war Frigga Mauritz davon überzeugt, dass der Dorfladen eine erfolgversprechende Sache sei. „Ich dachte gleich, da machen auch viele Junge mit, das wird was, und es macht Spaß." Deswegen hat Mauritz von Anfang an mitgewirkt; nach der Eröffnung hat sie zweimal pro Woche ehrenamtlich geholfen. Außerdem kauft sie für sich selbst fast alles im Dorfladen ein; nur, was sie nicht kriegt, besorgt die Frau im Supermarkt. Joghurt bestellt sie direkt vom Bauern, zehn Becher. Sie werden einmal wöchentlich in den Laden geliefert, wo Frau Mauritz das Joghurt abholt. „Früher habe ich immer gleich einen ganzen Eimer gekauft, als ich noch selbst zum Bauern fahren musste. So ist das viel praktischer, und die Katze freut sich auch. Sie darf die Ränder von den Bechern abschlecken."

Die Nachbarn also fragten bei Frigga nach: Wie ist das jetzt mit dem Dorfladen? Wird das was? Und sie erzählte, dass man alles kriegt, dass Butter und Zucker genauso viel kosten wie beim Discounter in Zorneding und dass man mit dem Rollator bequem durch die Gänge kommt. Außerdem helfen die Verkäuferinnen beim Einpacken, und einen Kaffee könne man auch im Dorfladen trinken. Frigga Mauritz, wie gesagt, kommt aus Harthausen, ihr vertrauten die Älteren. Die Nachbarn erzählten wieder anderen Nachbarn, dass das mit dem Dorfladen vermutlich gar nicht so schlecht sei. So wagten sich langsam immer mehr der älteren, anfangs misstrauischen Harthausener in den Laden.

Dort stellten sie fest, dass die Butter tatsächlich kaum teurer als beim Discounter ist, dass man alles kriegt und die Atmosphäre deutlich entspannter ist als im Supermarkt, wo man an der Kasse nie mit dem Tempo der Kassiererinnen mithalten kann.

Das Versprechen mit den günstigen Preisen für Ankerprodukte konnte die Dorfladen-Geschäftsführung nur mit dem Trick der Querfinanzierung halten – Johanna Mayer erklärt das so: „Die Leute brauchen Butter, den Preis kennt jeder, und jedes Kind kennt Nutella. Solche Produkte dürfen 10 Cent mehr kosten, aber auch nicht mehr, das merken sich die Kunden.“ Mayer hat zwar nicht Betriebswirtschaft studiert, aber als Floristin auch mit verderblicher Ware gearbeitet. Sie hat ihre Erfahrungen übertragen. Mayer ist mittlerweile eine von drei Gesellschaftern; übers Sortiment entscheidet sie allein, die Buchhaltung übernimmt sie teilweise. Offiziell ist die dreifache Mutter für 400 Euro im Monat angestellt, tatsächlich arbeitet sie Vollzeit für den Dorfladen – auch am Wochenende: Wenn sie mit ihrer Familie einen Ausflug macht, schaut sie sich immer auch nach regionalen Spezialitäten um. Deswegen steht seit einiger Zeit Bierschnaps aus der Nähe von Rosenheim in einem dekorierten Holzregal neben der Frischetheke. Den hat sie in einem Klosterladen entdeckt. „Da schauen wir jetzt mal, wie das läuft.“ Neben dem Bierschnaps sind Hirschkuss-Fläschchen platziert, die haben sich ihren Stammplatz im Sortiment bereits erkämpft *(siehe Extra, S. 73)*.

Eine kleine Kaffeerösterei ein paar Kilometer weiter hat eine „Harthauser Mischung“ für den Dorfladen kreiert, Mehl gibt es auch von einer Mühle in Holzham, dazu Müsli und Dinkelkekse, die im Holzregal angerichteten Marmeladengläser kommen aus Niederbayern – zu vielen Standardprodukten vom Großlieferanten hat Johanna Mayer im Lauf der Zeit eine regionale Alternative gefunden. Die ist zwar oft deutlich teurer als das Standardprodukt, wird aber gekauft – und so finanziert sich der Laden: Seit seiner Eröffnung vor gut drei Jahren schreibt das Geschäft schwarze Zahlen.

Dabei muss die Mini-GmbH jeden Monat 700 Euro Miete für das Geschäft an die Gemeinde überweisen und den sieben Verkäuferinnen Lohn zahlen, die auf 400-Euro-Basis arbeiten. Das Geschäftsmodell funktioniert, weil vieles flexibel organisiert und ehrenamtlich erledigt wird. Gemüse bringt ein Bauer aus Ismaning, der ausschließlich regionale Ware vertreibt. Was er gerade nicht im Sortiment hat, bringt auf Nachfrage ein Lieferant vom Münchner Großhandel mit. Er fährt ohnehin täglich zu einer Firma in den Nachbarort. Undogmatisch denken die Harthausener auch beim Backwarenangebot. Ein Bäcker beliefert täglich, freitags fährt eine Mitarbeiterin zusätzlich ins etwa fünf Kilometer entfernte Eglharting und holt dort Bauernbrot von einem speziellen Bäcker. In einem Nebenraum im Dorfladen steht allerdings auch ein Aufbackofen: Falls unerwartet die Brezen ausgehen oder Brötchen, backen die Verkäuferinnen spontan Tiefkühlware auf.

Als im Sommer das Dach leckte, half ein Dachdecker aus dem Dorf aus. Als die Geschäftsführer im Herbst eine Markise kauften, packten alle mit an und brachten sie an die

Außenfassade an; seit das Café zum Treffpunkt der Kinderkrippen-Eltern geworden ist, reichen die Stehtische im Laden nicht mehr aus. Zur Einweihung soll es noch ein „Markisenfest“ geben – als Dank für die Helfer, als Lockangebot für die Dorfbewohner und als Reklame an die Adresse von Ausflüglern gerichtet. Und überhaupt, weil man gern beieinander sitzt.

Steckbrief Dorfladen Harthausen
Lage: An der Münchner Ostumfahrung in Richtung Salzburg
Gründungsjahr: 2009
Organisationsform: Mini-GmbH
Größe: 80 Quadratmeter
Öffnungszeiten: Ab 7.30 Uhr
Besonderheiten: Fokus auf regionalen Spezialitäten, eigene Kaffeemischung

Extra:

– Hirschkuss –
Ergebnis einer Schnapsidee*

Seit ein paar Tagen steht der riesige Container auf dem Hof, schmutzig orange, zwölf Meter lang. Petra Waldherr-Merk blickt aus ihrem Büro direkt darauf. Ständig ziehen ihre Mitarbeiter Paletten mit Kartons aus der Produktionshalle, vorbei an den Blumenrabatten, über den gefegten Werkshof, rein in die Box, immer wieder. Waldherr-Merk schaut oft hinaus. Wie um sich zu vergewissern, dass das kein Irrtum ist. Im Container reist ihr Kräuterlikör in die USA, die ersten 36000 Flaschen Hirschkuss aus Bad Tölz nach Übersee.

„Das ist der Wahnsinn, dass das jetzt so passiert", sagt sie, schüttelt den Kopf, lacht. „Aber schauen wir halt, wie es geht." Das scheint seit sieben Jahren das Motto der 45-Jährigen. Hirschkuss ist ein Zufallsprodukt, es gab keine Businessidee, keinen Existenzgründungsberater und keine Marketingstrategie. Es gab nur dieses Rezept der Großtante, das Waldherr-Merk ausprobieren wollte. Heute sitzt sie im neu gebauten Produktionsgebäude, hat 23 Menschen eingestellt und expandiert in die USA. Plötzlich Großunternehmerin.

Im Advent 2004 fällt Waldherr-Merk das Rezeptbuch ihrer Tante in die Hände. Der Kräuterlikör klingt gut, sie besorgt die Zutaten und setzt eine Mischung an. Das fertige Produkt verteilt Waldherr-Merk an Kunden ihres Geschäfts in Lenggries, Deckchen, Trockengestecke, Holzfiguren, oberbayerisch traditionell. „Ich wollte einmal etwas Selbstgemachtes ausschenken in der Weihnachtszeit. Nicht immer nur Prosecco und Plätzchen." Die schlanke, gepflegte Frau hat ihre Heimat bis dahin nie verlassen. Der Laden sichert ihr Einkommen, Sohn Felix hat eine Ausbildung bei der Telekom begonnen, ihr Lebensgefährte hat seinen eigenen Beruf. Waldherr-Merk ist zufrieden, mehr bräuchte sie nicht.

* Der Text erschien in ähnlicher Form in der *Financial Times Deutschland*, Ausgabe vom 20.07.2012.

Der Likör aber lässt ihr bald keine Wahl mehr. Den Kunden schmeckt das nussigherbe Getränk, sie erzählen im Dorf davon, die ersten Kneipenwirte fragen an. Die Familie geht auf die Suche nach einem Flaschenlieferanten, ein paar könnte man ja abfüllen. Bloß muss sie einen ganzen Satz bestellen. „Als die erste Palette mit 2000 leeren Flaschen auf dem Hof abgeladen wurde, kam uns das unvorstellbar viel vor", sagt Felix Merk. Seine Mutter glaubt da noch, dass sie „ein Leben lang reichen".

Die Familie trommelt Freunde zusammen. Sie wiegen Kräuter, versetzen sie mit einer Wasser-Alkohol-Mischung, filtrieren und setzen an. Hirschkuss enthält 38 Prozent Alkohol und 40 Kräuter, darunter Enzian, Melisse, Anis, Baldrianwurzel, Kümmel und Ingwer. Das genaue Rezept bleibt geheim. Im ersten Schwung füllen die Merks 50 Liter ab, als Logo ein Hirschmotiv, angelehnt ans Lenggrieser Ortswappen. Waldherr-Merks Lebensgefährte kommt auf den Namen: Hirschkuss.

In den folgenden Monaten müssen die Merks drei weitere Paletten mit leeren Flaschen bestellen, sie verlagern die Produktion in den Keller: Die steigende Nachfrage hat die Spielerei längst zu einer abend- und wochenendfüllenden Beschäftigung gemacht. Stress oder Zweifel will die Unternehmenschefin nicht gekannt haben. Ihr „Bauchgefühl" sei gut gewesen. „Wir sind ja irgendwie vom Erfolg überrascht worden, warum hätten wir aufhören sollen?"

Im Erfolgstaumel beantragt Waldherr-Merk beim Amt in München ein Patent. Allzu spontan. Wenige Tage später liegt ein Schreiben aus Wolfenbüttel im Briefkasten. Absender: Jägermeister-Produzent Mast, mit seinem globalen Vertriebsnetz, Millionen trinkfester Konsumenten – und dem Rundum-Hirschmerchandising. Der Likör von Welt will gegen den aus der Provinz vorgehen, vor allem gegen das Logo. Alles, was entfernt mit Hirschen zu tun habe, erinnere an Jägermeister und dürfe nicht verwendet werden.

Den ersten Brief beantwortet Waldherr-Merk selbst, sie verweist auf den beschränkten Vertriebsraum ihres Likörs und den Hirsch im Ortswappen. Die in Lenggries abgefüllte Menge macht nicht einmal ein Prozent des Volumens aus, das Mast pro Jahr verkauft. Doch der Hersteller scheint die Konkurrenz überaus ernst zu nehmen: Ein Vorschlag zur gütlichen Einigung verlangt die Tilgung des Hirschen – und dass man sich bei Hirschkuss nur positiv über Jägermeister äußern dürfe. Ein Hin und Her beginnt, Anwälte raten der Familie, einzuknicken. Waldherr-Merk aber will nicht. „Irgendwie war da so ein Widerstand, und ich dachte, das musst du jetzt aushalten.“ Dabei hat sie schlaflose Nächte. Ließe sie es auf einen Prozess ankommen und verlöre, sie wäre ruiniert.

Der Bayerische Rundfunk erfährt von dem ungleichen Kampf und dreht einen Beitrag. Am Abend der Ausstrahlung erhält Waldherr-Merk so viele Zuschriften, dass die Hirschkuss-Internetseite zusammenbricht. Darunter das Angebot eines Münchener Patentanwalts, sich der Sache anzunehmen. Die Merks ändern Mitte 2009 schließlich das Logo: Statt eines kompletten Hirschen zieren nun zwei sich küssende Hirschköpfe das Etikett. Jägermeister lässt plötzlich nichts mehr von sich hören. Das Letzte, was der Konzern schickt, ist ein Weihnachtsgruß – mit Erfolgswünschen. Auf Nachfrage sagt ein Sprecher, die Veränderung des Motivs sei ausreichend gewesen.

Den Lenggriesern beschert die Auseinandersetzung eine Bekanntheit, die sie anders nie erlangt hätten. Jede verkaufte Flasche ist eine Werbung für sich. Bald reicht der heimische Keller nicht mehr, die Familie baut vor den Toren von Bad Tölz eine Fabrikhalle. Das 500 Quadratmeter große Gebäude liegt günstig an der Straße ins Ski- und Wandergebiet von Lenggries. Vorn ist der Dekoladen untergebracht, der Innenraum ist auf zwei Ebenen mit viel Holz gestaltet. In Bauernregalen werden Accessoires und der Likör angeboten, die Verkäuferinnen empfangen im Dirndl. Waldherr-Merk will bayerische Wohlfühlatmosphäre schaffen, Heimat, Herkunft, Authentizität. Dieses Bild setzt sich in den rückwärtig gelegenen Büroräumen fort: Die Türen sind mit Bauern-Motiven verziert, die Bodenfliesen ebenfalls, selbst die Mitarbeitertoiletten sind in bayerischem Landhausstil eingerichtet.

Die 200 Quadratmeter große Produktionshalle wirkt dagegen wie ein überdimensionierter, leicht chaotischer Bastelraum. Bottiche stehen auf Bodenwaagen, daran mit Kreide beschriebene Tafeln: „Zucker“, „Alkohol“ und „Mazerat“, der Hirschkuss-Ansatz. An der Rückwand ein zwei Meter hoher Kupferkessel, die Destille. In der Mitte stapeln sich Kartons, irgendwo dazwischen befüllt Hary Hoeft an einer vierzapfigen Anlage Flaschen. Der gelernte Metzger kann zwei Flaschen gleichzeitig befüllen und verschließen. Jede mit je einer seiner Daumenflächen, die groß sind wie Eurostücke. Ruhig und konzentriert, dabei ohne Hektik, arbeitet er so acht Stunden lang. Zwischendurch legt er eine Pause ein. Ihm mache der Job Spaß, sagt er. Die Arbeitsatmosphäre „passt“, das Produkt gefällt ihm besser als früher die Fleischwaren. Hoeft ist kein Mann großer Worte.

Die von ihm befüllten Flaschen wandern weiter zu vier Frauen, die am Rand Etiketten aufkleben. 300000 Liter sollen hier in diesem Jahr abgefüllt werden, doppelt so viel wie 2011. Der Umsatz soll im einstelligen Millionenbereich liegen, über den Gewinn schweigt Waldherr-Merk. Neben dem Kräuterlikör werden inzwischen auch ein Zwetschgen-, ein Vogelbeer- und ein Birnenlikör hergestellt. Hirschkuss beliefert mehr als 1000 Händler in Deutschland, ist bei Supermärkten und Spezialgeschäften gelistet. 11 Euro kostet die Halbliterflasche. Rabattaktionen gibt es nicht, die Familie lehnt Vertriebswege ab, die nicht ins Image passen, Discounter etwa.

„Wir verramschen nicht“, sagt Felix Merk. Der Mittzwanziger arbeitet vier Tage pro Woche für das Familienunternehmen, zwei Tage ist er als Techniker für die Telekom tätig. Die Familie gibt sich bodenständig, nahezu distanziert vom eigenen Erfolg. Reich seien sie nicht, sagt Felix Merk. Die Halle müsse ja abbezahlt werden. „Und wenn wir mit dem Porsche Cayenne vorfahren würden, wäre es mit der Sympathie auch schnell vorbei.“ Seine Mutter pflegt das Image der unverhofften Unternehmerin, betont das Handgefertigte und Nichtindustrielle.

Purer Zufall auch die Auslandsexpansion: Ein US-Händler soll über seine Nichte in Bad Tölz vom Hirschkuss erfahren und Waldherr-Merk kontaktiert haben. Er schlägt vor, den Likör über sein Distributionsnetz in die USA zu bringen. Sie informiert sich über Exportbestimmungen, reist mehrmals ins Land. Anfang 2012 bewilligen die Behörden eine erste Lieferung. Sobald der Container vom Hof ist, will Waldherr-Merk das Fabrikgebäude erweitern. Die Halle ist seit Monaten zu klein, Kunden müssen derzeit ungewöhnlich lang auf ihre Bestellung warten. Sie kann sich auch vorstellen, noch zwei, drei Mitarbeiter einzustellen. Aber dann sei Schluss. Wirklich.

– Hirschfelde –
„‚Wir‘ heißt am Ende: gar keiner“

Wer ausschließlich auf Ehrenamt baut, steht auf wackligen Füßen

Der Medienrummel um den Dorfladen in Hirschfelde ist so groß gewesen, dass ich größeres erwartet hätte. Ein pompöseres Geschäft, knallig, etwas Wuchtiges. Immerhin hat der Fernsehmoderator Dieter Moor mit seinem Buch über das Dorf und den früheren Laden mutmaßlich sehr viel Geld verdient, es hat sich jedenfalls hervorragend verkauft. Kaum ein Buchhändler verzichtete auf das Cover, von dem ein hagerer grauhaariger Mann mit Hut ernst schaut und ein Schaf im Arm hält: „Was wir nicht haben, brauchen Sie nicht.“ Moor lebt mit seiner Frau Sonja auf einem Bauernhof am Ortsrand. Nach dem Erscheinen des Buchs geriet

Hirschfelde ins Schlaglicht. Hunderte wollten das vermeintlich eigenwillige Dorf sehen, das der Schweizer Moderator in seinem launigen Bändchen beschrieben hatte. Dass Hirschfelde nur einen Steinwurf von Berlin weg und leicht an einem Sonntagnachmittag zu erreichen ist, tat sein Übriges. Sogar vom *Spiegel* kamen Reporter (sie schrieben allerdings nicht ganz so, wie sich das die Moors vorgestellt hatten – jedenfalls redet das Ehepaar seither nicht mehr mit Journalisten). Den Dorfbewohnern passte die Aufmerksamkeit sowieso überhaupt nicht; sie müssen sich wie Affen im Zoo gefühlt haben.

Es gab viele böse Worte zwischen Alteingesessenen, neuer Zugezogenen und ganz neu Zugezogenen.

Inzwischen sind die Neugierigen wieder weg, das Interesse an Hirschfelde ist abgeflaut und Herr Moor hat sich auf seinen Hof zurückgezogen. Geblieben ist der Dorfladen – ein schmuckloser Altbau mit Holzveranda, der etwas zurückversetzt zur Hauptstraße liegt. Daneben öffnet sich die Einfahrt zum Nachbarhof, weswegen man das Gebäude leicht für einen Teil des Nebengehöfts halten könnte. Über dem Eingang verweist ein schlichtes Schild auf den Laden; weitere Aufsteller sind nicht zu sehen. Drinnen steht Horst Sonntag vom Genossenschaftsvorstand hinter einer typischen Kaufladentheke. In der Auslage vor ihm sind eingeschweißte Fleischportionen drapiert. In einem Wandregal liegen einige wenige Brote, in die Fächer daneben sind Trockenwaren einsortiert. Auf einer mit Häkelborte geschmückten Ablage stehen Moselweine, Sonntag hat sie über einen Freund bezogen. Obst oder Gemüse gibt es nicht. Überhaupt sind die Regale sehr licht bestückt: Von einem Vollsortimenter ist der Dorfladen weit entfernt, er eignet sich eher für einen Spätkauf, in dem es die nötigsten Trockenwaren gibt.

Links neben der Eingangtür steht ein Tisch mit vier Stühlen. Hier sitzen am Nachmittag die Arbeiter von der Baustelle im Dorf. Horst Sonntag öffnet ihnen ein Bier und macht eine Bockwurst heiß. Gesprochen wird eher wenig, es geht wohl mehr ums Zusammensitzen.

(Bauarbeiter kommt rein)
Und Sie kommen jeden Tag hier rein?
Ja. Nach vier isses?
Ja
Ja.

In der kargen Jahreszeit, als die Anfangseuphorie verklungen war und die Touristen ausblieben, wurde deutlich, wie sehr der Laden von Sonntags Einsatz abhängig ist. Der Rentner, der im Nachbardorf wohnt, schließt morgens auf und abends zu. Wenn die Verkäuferin nicht da ist, steht er hinter der Theke. Und zwischendurch geht er einkaufen. Sonntag ist keiner, der große Worte macht. Als die Idee mit dem Dorfladen aufkam, im Herbst 2010, wollte er sich engagieren, „damit das Dorf nicht stirbt." Jetzt sagt er: „Wenn ich vorher gewusst hätte, wie viel Arbeit drin steckt, hätte ich es mir sehr gründlich überlegt mit dem Laden."

Hirschfelde soll nach den Vorstellungen von Sonja Moor, der Frau von Fernsehmann Dieter, zum Modelldorf werden. Durch eine ökologisch und nachhaltig orientierte Landwirtschaft sollen Bauern Naturschutz als zweites Standbein entdecken, damit auch Tourismus und die Vermarktung ihrer Produkte fördern und zum Lebenswert ihrer Dörfer beitragen. Die Moors selber halten Galloway-Rinder. Nachdem sie den Hof in Hirschfelde entdeckt hatten und von der Schweiz nach Brandenburg gezogen waren, besuchten sie Dorf- und Feuerwehrfeste, kauften in dem damals noch bestehenden Kramerladen ein und suchten das Gespräch mit den Leuten. Nach und nach rückten sie mit ihrer Modelldorf-Idee heraus, die sie gemeinsam mit den Hirschfeldern verwirklichen wollten. In dieser Atmosphäre setzten sich im Frühjahr 2010 ein paar Engagierte zusammen, um eine Genossenschaft zu gründen. Einige Hirschfelder waren dabei und vor allem Intellektuelle aus dem Freundeskreis von Sonja und Dieter Moor.

Die Betreiberin des „Konsum" hatte derweil das Lebensmittelgeschäft aufgegeben; die Gelegenheit schien günstig, um die Modell-Vorstellungen einer regionalen Öko-Vermarktung mit dem Nahversorgungs-Angebot fürs Dorf zu verbinden – ein Schritt in Richtung Autarkie und kleinerer Wertschöpfungskreisläufe. Die „Modelldörfler" also gründeten eine Genossenschaft. 150 Mitglieder sollten nach den Planungen der Genossenschaft bis Ende 2011 Anteile mit einem Einzelwert von 100 Euro zeichnen und damit ein Vermögen von mehr als 17.000 Euro sichern. Damit sollte das Gebäude des ehemaligen Konsum gekauft und mit hochwertigen, teils von Genossenschaftsmitgliedern hergestellten Waren gefüllt werden. Die Hirschfelder Dorfbevölkerung sollte das Angebot kaufen und damit die Wertschöpfungsketten in der Region schließen.

Eineinhalb Jahre später zog die Genossenschaft Bilanz. Die Beteiligung war mit lediglich einem Drittel der geplanten Anzahl Engagierter deutlich hinter den Erwartungen zurückgeblieben. Davon wiederum kam nur ein Drittel aus dem Ort selbst: Fünf Prozent der Hirschfelder hatten Interesse. Das Betriebsergebnis lag deutlich im Minus, der Umsatz blieb mit gut 50.000 Euro hinter den Erwartungen zurück. Die Genossenschaft hatte keine Liquiditätsreserven mehr und hielt fest: „Notwendige Investitionen für die Erweiterung der Geschäftsfelder und die Erwirtschaftung von Überschüssen können nicht aus eigener Kraft getätigt werden." Lediglich etwa 20 Hirschfelder kauften regelmäßig im Dorfladen ein – das waren 7,5 Prozent der Gesamtbevölkerung. Das Projekt „von Hirschfeldern für Hirschfelder" war gescheitert.

Was war schief gegangen? Die Genossenschaft selbst spricht von Blauäugigkeit, und dass sie offenbar „am Portemonnaie" der Bürgerinnen und Bürger „vorbeigeplant" hat. Der Hirschfelder an und für sich möchte offenbar keine Galloway-Bockwurst für mehr als 6 Euro das Stück, sondern für den Preis lieber zwei oder drei herkömmliche Würste. Und die Pendler, die in Berlin arbeiten und Geld für Bio-Ware hätten, kaufen nach wie vor auf dem Weg von oder in die Arbeit ein – Werneuchen mit seinem Bahnhof und zahlreichen Supermärkten ist gerade einmal fünf Kilometer entfernt. Manches brauchte die Dorfbevölkerung auch einfach nicht: In der Umgebung verkaufen mehrere Apfelbauern ab Hof oder bieten Selbstpflücken an – zu unschlagbar günstigen Preisen. Abgesehen davon, dass viele eigene Apfelbäume im Garten haben. Einmal kaufte Horst Sonntag Erdbeeren und bot sie zum Verkauf an. Von den zehn Kilogramm musste er die Hälfte selbst essen, weil die Beeren zu vergammeln drohten. So viel Ausschuss belastet die Bilanz.

Womöglich hätten die Hirschfelder gewusst, dass Erdbeeren bei ihnen hinter dem Haus wachsen, und dass Bio nichts für sparsame Dorfbewohner ist. Nur saßen eben nur 16 Hirschfelder in der Genossenschaft, und ob die dann gerade den Teil der Bevölkerung repräsentierten, auf die das Nahversorgungs-Angebot zugeschnitten werden sollte, ist fraglich. Dazu kam die Aufregung um das Ehepaar Moor und die Aufmerksamkeit, die ihnen von Medien zuteil wurde. Dieter Moor bedenkt Dorf und Bewohner in seinem Buch zwar mit Pseudonymen, der Wiedererkennungswert für einige war jedoch erdrückend. Das empfanden Alteingesessene als Affront. Es wusste auch niemand, dass Moor ein Buch schreibt. Als zu Signierstunden im Dorfladen hunderte Neugierige kamen, zeigten sich vor allem Zugezogene pikiert, die in Hirschfelde ihre Ruhe haben wollten, keinen Rummel. Deswegen waren sie ja aus der Stadt herausgezogen und nahmen tägliche Arbeitswege von etwa einer Stunde auf sich. Andere hatten sich in Hirschfelde ein Wochenenddomizil eingerichtet; auch sie waren nicht erfreut über den Trubel. Sonja Moor schließlich hatte mit ihrer wuchtigen, forschen Art nicht immer ein glückliches Händchen, was soziales Miteinander und Kommunikation betrifft. Die kräftige Frau, stets ein Tuch voluminös zum Haarband geschlungen, tritt gern entschieden auf. Selbst wohlmeinende Wegbegleiter sagen, die Ideen seien gut, das Anliegen hehr – Umsetzung und Ansprache jedoch verbesserungswürdig.

Irgendwann waren die Scheiben im Dorfladen beschmiert. Die Täter wurden nicht ermittelt; dass sie von auswärts kamen, ist unwahrscheinlich. Für irgendjemand war der Laden Symbol für die Moors und ihre Aktivitäten; obwohl die Genossenschaft nicht müde wurde zu betonen, dass der Dorfladen ein Teilprojekt sei und mit den Moors nicht unmittelbar etwas zu tun habe.

Im Herbst, als die Ausflügler weniger wurden und schließlich ganz ausblieben, drosselte Horst Sonntag die Öffnungszeiten auf zwei Stunden frühmorgens und zwei am Nachmittag. Damit ließen sich zwar schwerlich neue Kunden gewinnen, aber der bald 70-jährige Rentner steckte ohnehin schon so viele Stunden ehrenamtlicher Arbeit ins Geschäft, dass er weder Zeit, Kraft noch Energie hatte für noch mehr unentgeltlichen Einsatz. Er drückt sich diplomatisch aus. „Die Mitarbeit der Genossenschaftsmitglieder ist sehr kopflastig.“ Letztlich sei es eine Handvoll Ehrenamtlicher, die mit anpacke. Sonntag hatte auch ein privates Darlehen von fast 3.000 Euro für Handwerkerarbeiten am Dach zur Verfügung gestellt.

Brot und Brötchen kommen von einem Bäcker aus der Gegend, der zuvor mit einem mobilen Wagen durch Hirschfelde gefahren war. Den Rest, Konserven und Abgepacktes, kauft Sonntag selbst im Supermarkt in Werneuchen ein. Mal berechnet er einen Cent als Spanne, mal fünf bis zehn Cent. Mehr dürfen es nicht sein, sonst kaufen die Hirschfelder gar nichts mehr – sie wissen ja, was die Standardprodukte beim Discounter kosten. Wurst holt Sonntag bei einem Hersteller im Oderbruch ab. Er berechnet dabei weder seine Arbeitsstunden noch Benzinkosten. Als zusätzliche Leistung bringt er Päckchen zur Post in Werneuchen.

Ein halbes Jahr später

Dann passiert das, was nicht passieren darf: Horst Sonntag hat einen Unfall und fällt auf längere Zeit aus. Die Genossenschaft muss improvisieren. Mal springt Aufsichtsratsvorsitzender Andreas Strube ein, mal stellt sich Ratsmitglied Wolfgang Wagner nachmittags hinter die Theke. In den Morgenstunden übernimmt eine Frau aus dem Dorf. Alles ehrenamtlich. Die Situation kommt zu einer Zeit, in der die Geschäftszahlen für das abgelaufene Jahr vorliegen und der Genossenschaft deutlich machen, dass sich etwas ändern muss – jedenfalls, wenn der Laden weiter bestehen soll.

Bei ihrer Jahresversammlung stellt der Vorstand ein ehrgeiziges Programm vor: Mehr Werbung, mehr Attraktivität und damit mehr Mitglieder und Kunden. Die Genossenschaft plant 30 Veranstaltungen für das Jahr 2012 vom Pfingstbrunch und einem Genossenschaftsball bis zur

Silvester-Party. Dabei setzt der Vorstand erneut auf das ehrenamtliche Engagement von Mitgliedern und Helfern. Die Internetseite soll erweitert werden um Neuigkeiten von Vereinen, Informationen für Radfahrer und historisch Interessierte. Die Genossenschaft will den an die Verkaufsräume anschließenden Saal renovieren, um ihn für Veranstaltungen nutzen zu können; Elektroanlage, Dach, Heizung und Warmwasser, alles müsste erneuert werden. Die Genossenschaft hat vor, dort eine Gaststätte für 30 Gäste, ein „Kulturhofcafé“ mit Platz für 80 Besucher sowie ein Bier- und Probierstübchen mit etwa zehn Plätzen einzurichten. Herz des Ganzen soll eine eigene Mikrobrauerei werden, das Bier gibt es dann online und im Dorfladen zu kaufen. Mittelfristig will die Genossenschaft dreieinhalb Arbeitsplätze in diesem Rahmen einrichten, dabei hofft sie auf Fördermittel von der Investitionsbank Berlin Brandenburg (IBB).

Bei einem Besuch ein halbes Jahr später steht Harald Pätz an einem der Stehtische auf der Veranda und raucht. Eigentlich soll der pensionierte Polizist lediglich kochen – es gibt mittlerweile tatsächlich mehr Speisen, Bockwurst, Kartoffelpuffer, Spiegeleier – faktisch halte er den Laden am Laufen, sagt er. Horst Sonntag hat sich dauerhaft zurückgenommen, der Unfall ist ihm ein Warnsignal gewesen. Pätz wohnt in einem der Reihenhäuschen, die anstelle des ehemals landwirtschaftlichen Nebengebäudes gebaut wurden. Wenn er in seiner Küche steht, kann er den Dorfladen sehen. Pätz, seine Frau und die Genossenschaft verabreden, dass der Hobbykoch wirklich nur noch kochen soll, eine begrenzte Anzahl Stunden am Tag. Wenige Wochen später scheint alles wie zuvor zu sein. „Der ganze Betrieb muss erst wieder angekurbelt werden, es ging echt weit runter im Frühjahr“, sagt er. Es klingt wie eine Rechtfertigung. Glücklich wirkt er mit der Situation nicht, er fühlt sich zugleich dem Projekt verpflichtet.

Das Sortiment hat sich nicht wesentlich erweitert, Imbiss und Café sollen die Umsatzbringer werden. Aufsichtsratsvorsitzender Strube, der kurz vorbeischaut, spricht auch von den Festen zu Pfingsten und zu Himmelfahrt, dem Frühschoppen und den beliebten Führungen sonntags zu Sonja Moors Wasserbüffeln. Das alles werde hervorragend angenommen. Es bleibt fraglich, ob das auf Dauer den Laden stützen kann – und wer den normalen Betrieb steuern soll. Wenn Harald Pätz so weitermacht, ist bald seine Frau weg. Offiziell gebe es einen Kreis von acht, neun Engagierten, sagt er und lächelt sarkastisch. „Wissen Sie, ‚wir‘, das heißt am Ende gar keiner.“

Steckbrief Dorfladen Hirschfelde
Lage: nordöstlich von Berlin, bei Werneuchen
Geschäftsform: Genossenschaft
Öffnungszeiten: Mo-Do 7.30-19 Uhr, Fr bis 20 Uhr, Sa 7.30-21 Uhr, So 10-19 (nur Imbiss)
Internet: www.hirschfelder-genossenschaft.de
Zusatzangebot: Sonntags Führung zu den Wasserbüffeln, Imbiss

– Sandau –
„Man trifft sich daheim vor dem Fernseher“

Von der Herausforderung, Lethargie in Eigeninitiative umzumünzen

In den Leisten der Regale stecken noch die Preiskärtchen, Kapern für 79 Cent, Senf für 39 Cent. Über der leergeräumten Kühltruhe baumelt ein Pappschild mit Eis-Werbung, an der Wand hängt ein Kalender des Jahres 2011. Der Betreiber der Kaufhalle wollte offenbar schnell weg aus Sandau. Eineinhalb Jahre nach dem Aus für das letzte Geschäft in der Stadt zwischen Havel und Elbe hat immer noch keiner aufgeräumt. Aus dem Kühlhaus heraus stinkt es, die frühere Wurstauslage starrt vor Schmutz. Zögerlich schauen sich die gut 50 Sandauer um, die durch den Hintereingang die Halle betreten haben. Das Misstrauen ist ihnen nicht zu verdenken. Hier soll ein Bürgerladen entstehen? Mehr noch: Ihr Bürgerladen?

Bürgermeister Henry Wagner seufzt. Er wollte die Versammlung an diesem Montagabend im Mai unbedingt in die Kaufhalle holen. Die Bürgerinnen und Bürger sollten sehen, worum es geht: Um die Frage, ob es in Sandau wieder ein Lebensmittelgeschäft geben soll. Und darum, ob dieses in der Kaufhalle eingerichtet wird. Nun sitzt die Gruppe, fast ausnahmslos Herren und Damen mit grauen Haaren, auf hastig hingestellten Bierbänken zwischen Kühltruhen und Regalen und blickt ihren Bürgermeister skeptisch an.

Die Diskussion um den Laden währt seit mehr als einem Jahr. Nachdem der einstige Konsum im Februar 2011 geschlossen hatte, gründete sich ein Arbeitskreis für ein neues Geschäft. Darin saßen Silvio Wulfänger, ein untersetzter, stets in Anzug gekleideter Mann, er ist stellvertretender Bürgermeister und sitzt im Havelberger Stadtrat. Ferner Steffi Koterba, die vor mehr als zehn Jahren der Liebe wegen aus dem Ruhrgebiet nach Sandau gezogen war, eine praktisch orientierte Frau mit Bürstenhaarschnitt. Der Tankstellenbetreiber, der auf jedes Für ein Gegen weiß und die Kaufhalle bis ins Detail kennt – er hat sie nämlich mit gebaut. Christa

Pooch-Kowalczyk, eine weißhaarige, energische Frau im Rentenalter. Und ein paar weitere Mitstreiter. Sie wussten zwar, dass die meisten der gut 1.000 Einwohner Sandaus die Nahversorgung nicht vermisste. Aber sie waren überzeugt, ein neues Zentrum mit Geschäft, Dienstleistung und Café könnte den Ort neu zusammenführen.

Sandau liegt fünf Kilometer von Havelberg entfernt in der Landspitze zwischen Havel und Elbe. Es gibt eine Tankstelle, eine Bäckerei-Verkaufsstelle, einen mit EU-Geldern hergerichteten Backstein-Kirchturm und eine Gaststätte, die unregelmäßig geöffnet hat. Die Stadt mit gut 1.000 Einwohnern reiht sich entlang der Verbindungsstraße zwischen Havelberg und Magdeburg. Das Rathaus lässt ahnen, dass es einmal ein wuchtiger, stolzer Bau war mit einer riesigen schweren Holztür. Es hat seine besten Zeiten hinter sich. Zahlreiche Gebäude stehen leer, auch an prominenten Stellen im Ortsbild wie dem Kirchplatz. Darunter sind mindestens drei Ladenlokale, eines davon ist die Kaufhalle. „Man trifft sich allein zu Hause vor dem Fernseher“, fasst eine Frau die Stimmung in Sandau zusammen.

Der Arbeitskreis fand rasch zwei Berater, die er über Fördermittel der Europäischen Union bezahlen konnte: Axel Dosch, Planer und Berater aus Berlin sowie Dorfladen-Guru Wolfgang Gröll nahmen sich Sandaus an. Für Gröll kam der Auftrag zu einer Zeit, in der er ohnehin immer öfter in den östlichen Bundesländern unterwegs war. Nach dem Boom im Süden wachten die Dorfladen-Interessenten im Osten auf, die Anfragen aus Sachsen, Sachsen-Anhalt und Brandenburg mehrten sich.

Dosch und Gröll sind ein ungleiches Paar. Der eine unkonventionell, mit Schultertasche und flottem Mini-Cabriolet, der andere vom hektischen Leben eines Unternehmensberaters geprägt und oft mit einem Mietwagen unterwegs, auf dessen Beifahrersitz zerknüllte Papiertüten einer Fastfood-Kette liegen. Gröll spricht starken Starnberger Dialekt und redet so schnell, dass Dosch bisweilen für die Sandauer übersetzen muss. Die zwei ergänzen sich, sie arbeiten gut zusammen. Beide sind an diesem Frühsommerabend in die Kaufhalle gekommen; sie sollen den Bürgern noch einmal mögliche Geschäftsmodelle erläutern und sich Fragen über Geld, Ort und Sortiment stellen. Dosch sagt das meiste, er findet eher einen Draht zu den Menschen. Gröll redet kurz über die von ihm favorisierte Geschäftsform mit aktiven und stillen Unternehmern.

Sobald er den Mund aufmacht, schauen die Versammelten noch skeptischer als sonst. Sie verstehen ihn nicht, den Mann aus Bayern, in den Gesichtern ist zu lesen: Was will der von uns?

Dabei sollten sie eigentlich selbst etwas wollen – einen Dorfladen nämlich. Nur so könne das Projekt ins Laufen kommen und am Leben bleiben, appelliert Bürgermeister Wagner an die Leute. Arbeitskreismitglied Pooch-Kowalczyk steht auf, sie wird deutlicher: Sie bräuchten 30.000 Euro für

den Anfang, sonst wird es nichts. Die ablehnende Haltung zwischen den Bierbänken ist förmlich mit Händen zu greifen. Die Vertreter des Arbeitskreises, die in der ersten Reihe sitzen, schauen, als sei das Projekt schon abgesagt.

Anfangs waren sie voller Elan. Bei den ersten öffentlichen Versammlungen erläuterten sie ihren Mitbürgern ihre Ideen, sprachen von Post, Gesprächsrunden, einem Nahversorger mit besonderen Angeboten, einer Café-Ecke. Keiner hatte etwas dagegen. Es stand aber auch keiner auf und sagte mit Begeisterung: Ich mache mit. Der Arbeitskreis schob das beiseite. Es würden sich schon noch Engagierte finden, wenn die Pläne erst konkret wurden. Zudem hatten die Sandauer doch in schriftlichen Umfragen erklärt, dass sie sich über neue Angebote im Ort freuen würden. Die nächsten Supermärkte liegen in Havelberg, dort ballen sich sechs Einzelhändler mit riesigen Parkplatzflächen an den Ausfallstraßen. Auch die Sandauer fahren mit ihren Autos dorthin; die Busverbindungen sind schlecht. Mancher fährt im Sommer mit dem Rad, es gibt einen Weg neben der Bundesstraße. Wer gar kein Auto zur Verfügung hat oder kein Geld für den Bus (Hin- und Rückfahrt kosten vier Euro) lebt von den fliegenden Händlern, die mehrmals pro Woche durch Sandau fahren. Beim rollenden Metzger gibt es auch Grundnahrungsmittel, alle paar Wochen kommt zusätzlich ein Kartoffellaster.

Die Schwierigkeiten begannen mit der Suche nach einem Gebäude für den Bürgerladen. Bürgerladen, so sollte er nämlich heißen, der Konsum-Nachfolger. Mitten im Ort stehen ebenerdig Räume mit zwei hübschen Schaufenstern leer. Das Haus liegt gleich neben der Kirche. Die Besitzerin will das Haus aber nur komplett verkaufen und die Räume im Erdgeschoss nicht verpachten. Das Gebäude schied aus. Blieb die Kaufhalle als zweite Wahl; mit etwa 100 Quadratmetern war sie zwar mehr als doppelt so groß wie für den Laden angedacht, aber Gröll schlug vor, einen Teil mit Vorhängen oder Regalen abzutrennen und den hinten liegenden Hallenteil als Raum für Gesprächskreise und Feiern zu nutzen. Nur wollte der Eigentümer, eine Genossenschaft mit Sitz in Salzwedel, das Gebäude nicht einfach so zur Verfügung stellen. 20.000 Euro sollten die Sandauer bezahlen und die maroden Kühlgeräte und anderen Elektroschrott auf eigene Kosten entsorgen. Ein völlig überzogener Preis – angesichts des Gebäudezustands und des Leerstands im Ort. Der Eigentümer indes hat es nicht nötig, zu verkaufen. Er kann die Halle ungenutzt verwittern lassen, das wird nicht bestraft. Die Gemeinde könnte ihm höchstens das Leben mit Auflagen schwer machen, Strafgelder für mangelhaftes Schneeräumen verhängen zum Beispiel. Doch der zurückhaltende Bürgermeister tut sich schwer mit solchen Drohungen.

Mehrfach sprachen Dosch und Gröll mit den Geschäftsführern der Genossenschaft. Die zeigten sich unbeugsam, ließen Termine platzen, waren nicht erreichbar. So einen Umgang habe er selten erlebt, sagt Gröll. Ihm wurde es zu bunt. Der Unternehmensberater schlug vor, einen Container in kostengünstiger Leichtbauweise auf einem freien Grundstück zu errichten. Das würde weniger Ärger machen und unterm Strich billiger sein, er hatte auch ein, zwei Referenzprojekte parat. Doch der Arbeitskreis zweifelte: Wo sollte man so einen Container errichten? Und wie sollte der aussehen? Es blieb bei der Idee.

Monatelang passierte nichts. Bürgermeister Wagner, auch kein Bündel an Energie und Enthusiasmus, wollte die Idee stillschweigend begraben. Im Ort wurde ohnehin schon nicht mehr über das Projekt gesprochen, der Arbeitskreis traf sich nur noch sporadisch. Doch die Berater pochten auf eine weitere Versammlung. Ein letztes Mal solle die Bereitschaft der Sandauer geprüft werden, einen Laden finanziell zu tragen. Wenn sich nicht genug Anteilszeichner fänden, sollte das Projekt zumindest offiziell beerdigt werden.

Angesichts dieser Vorgeschichte freut sich Bürgermeister Wagner schon, dass überhaupt Menschen kommen. Sie diskutieren noch einmal das für und wider der Kaufhalle, den widerborstigen Verkäufer. Es reden immer die gleichen, eine Handvoll vielleicht, die restlichen Anwesenden sitzen stumm und ernst dabei. Zweimal fährt ein Linienbus vorbei, einer in Richtung Havelberg, einer in Richtung Stendal. Beide sind bis auf die Fahrer leer.

Der Bürgermeister sagt: „Wir unterstützen alles, so gut wir können. Aber die Initiative muss von Euch kommen, das muss Euer Laden sein.“ Zwischendurch scheint ein Ruck durch die Versammlung zu gehen, der Bürgermeister der übergeordneten Gemeinde steht auf und redet von den Chancen des Projekts, von der Zukunft mit vielen Alten und wenig Kindern. „Wenn wir dieses Gefühl wieder aktivieren, wenn hier jeder mal etwas einbringt, Mensch, wenn ich so durch die Reihen schaue...“ Er setzt sich wieder hin. Keiner klatscht. Einer der wenigen Mitvierziger meldet sich und erzählt von seinem Aufenthalt in Rumänien, wo er Menschen erlebt habe, die mit viel weniger Geld als in Sandau vieles anpackten.

In der Kaufhalle will keiner anpacken. Nach den Wortmeldungen schauen die meisten eher betreten auf den Boden, als dass sie aufstehen und klatschen. Das Gespräch verliert sich im Kleinklein über das Für und Wider der Halle. Sie könnten doch auch erst einmal in einem Provisorium loslegen, zum Beispiel im Keller des Rathauses, wirft Berater Dosch ein. Habe sich die Aufregung um die Kaufhalle gelegt, der Bürgerladen die Anfangsphase überstanden, könnte er immer noch umziehen. Der Einwand verhallt.

Frau Hildebrandt geht raus, sie zündet sich eine Zigarette an. „Wissen Sie, die Sandauer waren schon immer so, stur, eigen“, sagt sie. Sie erzählt von den Quempas, einer speziellen Liedform zur Weihnachtszeit, die zwischenzeitlich vom Kaiser verboten worden sei. Die Sandauer hätten trotzdem weiter gesungen und die Spielweise des neuen Organisten ignoriert. Frau Hildebrandt glaubt, dass die Menschen auch wegen der häufig wechselnden Landherren so dickköpfig geworden sind. Die Landspitze zwischen den zwei Flüssen gehörte erst zur Altmark, dann zum Erzbistum Magdeburg und ging mit diesem in preußischen Besitz über. Dörfer brannten ab, wurden belagert, bombardiert. Und so seien sie jetzt, die Sandauer. Jeder schaut, dass er sich durchwurstelt. Dann geht Frau Hildebrandt nach Hause.

In der Kaufhalle teilen die Berater inzwischen Formulare aus, auf denen man eintragen kann, in welcher Höhe man sich am Bürgerladen beteiligen möchte. Eine Frage ist während des Abends völlig ausgeblendet worden: Wer den Laden eigentlich betreiben soll. Wer soll mithelfen, wer renovieren? Keiner ist aufgestanden und hat die Initiative ergriffen. Dabei gäbe es genug Menschen, die Zeit für Engagement hätten.

Ein Anteil für die Bürgerladen-Gesellschaft beträgt 150 Euro, man kann mehrere Anteile erwerben. „Maximal einer", flüstert eine Frau ihrer Nachbarin zu. „150 Euro ist ja schon viel, ob das mein Mann mitmacht..." Die Sandauer können die Zettel im Rathaus abgeben. Damit endet der Abend. Ohne Umschweife, nahezu geräuschlos, stehen die Frauen und Männer nach zwei Stunden von den Bierbänken auf und gehen. Vielleicht wollen sie auch nur weg vom Gestank aus dem Wurst-Kühlhaus.

Vier Wochen später stellt der Arbeitskreis das Projekt ein. Bis dahin haben sich 28 Einwohner gemeldet, die bereit sind zu einer Einlage von 150 Euro – zu wenig.

– Deusmauer –
„Bei manchen haben wir zwei- oder dreimal geklingelt“

Ein Arbeitskreis nimmt den Rest des Dorfes mit

Birgit Lutter hat den Besuchstermin vergessen. Mit einem Rührbesen in der Hand schaut sie aus der Küchentür und zieht erschreckt die Augenbrauen hoch, als ihr Mann den Gast ins Haus bittet. „Um Gottes willen, an Sie habe ich gar nicht mehr gedacht.“ Sie schlägt die freie Hand vor den Mund, überlegt und lacht auf. „Das kriegen wir schon. Ich muss jetzt schnell das Tiramisu fertig machen für ein Fest morgen, in der Zeit setzt sich mein Mann mit Ihnen auf die Terrasse – Mögen Sie einen Kaffee? – und erzählt Ihnen schon einmal etwas und ich rufe schnell den Jürgen an, ob er gleich herunterkommen kann. Hast Du gesehen, ob er draußen ist?“ Der Wortschwall in starkem Oberpfälzer Dialekt war höchstens fünf Sekunden lang, die letzte Frage hat Birgit Lutter an ihren Mann gerichtet. Wenn man auf der Terrasse der Lutters steht, kann man offenbar sehen, ob Hubers im Garten sind. Dort hören sie das Telefon nicht. Während die Frau mit den kurz geschnittenen, kastanienbraunen Haaren geredet hat, hat sie den Rührbesen beiseite gelegt, ihr Adressbuch geholt, Hubers Nummer nachgeschlagen und gewählt.

Zehn Minuten später stehen ein Dutzend Schälchen mit Tiramisu im Kühlschrank, Jürgen Huber, Birgit Lutter und ihr Mann sitzen am Holztisch auf der ausladenden, angenehm schattigen Terrasse, der Kaffee ist ausgetrunken und ich habe mittlerweile die Geschichte um den fehlenden Lärmschutzwall für Deusmauer erzählt bekommen. Lutters wohnen so nah an der Autobahn, dass ungewohnte Ohren den rauschenden Verkehrslärm als äußerst störend empfinden. Die Deusmaurer haben sich daran gewöhnt, eine Schutzwand hätten sie trotzdem gern.

Im Moment konzentrieren sich die engagierten Bürgerinnen und Bürger in dem 520-Seelen-Dorf allerdings auf ihr Dorfladen-Projekt. In Deusmauer, nahe Neumarkt in der Oberpfalz und direkt an der A3 gelegen, gibt es seit etwa fünf Jahren kein Geschäft mehr. Die nächsten Supermärkte liegen fünf bis zehn Kilometer entfernt in umliegenden Kleinstädten. Auch ein Treffpunkt fehlt weitgehend, weil von den einst zwei Gaststätten eine zugemacht hat. Die zweite, in den Händen eines Brüderpaars, hat nur noch sporadisch offen. „Abends sieht man jetzt fern“, sagt Huber. „Deswegen wäre ein Laden ideal, weil man da einfach hingeht und dann zumindest tagsüber jemanden trifft.“ Und zwar spontan, das betont der 38-Jährige, ohne Mitglied beim Schützenverein oder der Feuerwehr sein zu müssen.

Die Idee und ihre Motoren

Huber, der bei der Gemeindeverwaltung im benachbarten Velburg arbeitet, ist einer der Motoren des Projekts. Eigentliche Impulsgeberin war seine Frau. Sie wollte nach fünf Jahren Elternzeit wieder arbeiten und hatte Lust, einen Laden aufzumachen. Jürgen Huber griff die Idee auf, sprach in der Gemeinde mit Kollegen und dem Bürgermeister darüber und landete über ein paar Kontakte bei Unternehmensberater Wolfgang Gröll. Nach einem ersten Gespräch ließen sich die Hubers überzeugen, dass ein bürgerschaftlich organisiertes Geschäft mehr Überlebenschancen hat als wenn Einzelunternehmer dahinter stehen.

Im Frühsommer 2011 setzte sich ein Arbeitskreis zusammen, 15 Menschen aus dem Dorf. Unternehmer waren dabei, der Bürgermeister. Der Kreis teilte Fragebögen an Mitbürgerinnen und Mitbürger aus und organisierte erste Versammlungen, schaute sich andere Dorfladenmodelle in der Region an.

Zauderer gab es auch in Deusmauer; die Menschen in der Gegend sind zurückhaltend und vorsichtig, misstrauisch oft gegenüber dem, was man nicht kennt. Sie standen nie so recht im Rampenlicht in der Oberpfalz – die Gegend ist reich an Steinen und Wald, eine Hügellandschaft neben dem touristisch intensiver erschlossenen Bayerischen Wald. Bekannt ist der Landstrich eher wegen seiner Truppenstandorte für amerikanische Soldaten denn wegen seines landschaftlichen Liebreizes. Gleichzeitig ist die Oberpfalz aber wirtschaftlich nicht so abgeschlagen wie etwa das Fichtelgebirge im Norden Bayerns. Es ist ein auch im positiven Sinne unbeflecktes Hinterland nahe der tschechischen Grenze.

Trotz der abwartenden Haltung mancher ging es ziemlich schnell voran mit dem Projekt Dorfladen. Inzwischen gab es viele Positivbeispiele, auch in der näheren Umgebung. Nicht weit von Deusmauer liegt etwa der sehr früh entstandene, erfolgreich wirtschaftende Laden Simonshofen. Etwas Ähnliches im eigenen Dorf, das erschien selbst Zweiflern nicht als abseitiges Hirngespinst.

Bald kristallisierte sich mit Birgit Lutter und Jürgen Huber außerdem ein Führungsduo heraus, das im Ort verwurzelt war und die Menschen kannte. Gleichzeitig brachten die zwei eine Portion Pragmatismus mit und Sachverstand – Huber als Gemeindemitarbeiter ist geschult im Umgang mit Behörden. Er wurde tendenziell eher zum „Außenminister“ des Arbeitskreises, schaute sich verschiedene Projekte an, beriet mit der Gemeinde über Fördermittel. Lutter wirkt stärker nach innen; die 49-Jährige arbeitet als Fleischereiangestellte in der nahe gelegenen Kleinstadt Neumarkt und ist quasi vom Fach. Sie ist es auch, die den Deusmaurern immer wieder klar machte, worum es geht: Um ein „Dazu-Angebot“, wie sie es nennt, um einen Mehrwert. „Und der Laden muss die Kosten decken, nicht weniger, aber auch nicht mehr.“

Herausforderungen und ihr Umgang damit

Der Arbeitskreis ging behutsam mit der Bereitschaft der Dorfbevölkerung vor, sich zu verändern. Die Menschen sind sensibel, das enge Sozialgefüge ist anfällig für Brüche. Im Winter kam es zu so einer Situation. Huber und seine Mitstreiter hatten zur Gründungsversammlung ins Gasthaus eingeladen. Die Wirtsbrüder, groß gewachsene, bedächtige junge Männer, schenkten Bier aus, die Tische im Gastraum waren gut gefüllt. Es ist ein funktionales Wirtshaus, schlichte Holzstühle und Bänke an den Seiten, ohne viel Dekoration, in der Ecke ein schmaler Tresen mit Zapfanlage. So wie es früher eben war.

Unternehmensberater Gröll erklärte, was hinter der angestrebten Unternehmergesellschaft mit stillen Teilhabern steckt, um welche Anteile es geht und was mit dem Geld passiert, wenn der Laden pleite geht oder jemand stirbt oder was man macht, wenn man nicht mehr mitmachen möchte. Hier verstehen sie den Oberbayern, auch wenn Gröll für ihren Geschmack zu schnell redet. Immer wieder kamen Nachfragen, Gröll wiederholte geduldig, klickte seine Powerpoint-Folien vor und zurück.

Es war schon einige Zeit vergangen, da begann die Diskussion um die Standortfrage zu kreisen. Ein paar wollten das alte Schulhaus an der Hauptstraße, ein paar ein anderes, tiefer im Ort liegendes ehemaliges Gasthaus. Wenn es das eine, bestimmte Haus nicht werde, zögen sie ihren Einsatz zurück, drohten mit einem Mal eine Handvoll Anwesender. Die Stimmung, zuvor interessiert und abwartend, drohte zu kippen.

Gröll, Lutter und Huber unterbrachen die Veranstaltung. Sie berieten sich kurz, dann beschlossen sie: Die eigentlich geplante Vertragsunterzeichnung wird verschoben. Beide möglichen Gebäude sollten gemeinsam mit dem Bürgermeister noch einmal angeschaut werden, Interessierte wurden zu diesem Termin eingeladen. Danach sollten die Argumente für und wider neu abgewogen werden. Den Abend im Wirtshaus beschloss der Kreis mit einer kostenlosen, versöhnlichen Brotzeit für alle. Die Gastgeber hatten Käse aus einem Oberpfälzer Betrieb zum Verkosten besorgt, dazu gab es Brot vom Bäcker aus dem Nachbardorf. Die Käserei kannten viele nicht, obwohl sie nur ein paar Kilometer entfernt liegt.

Kaum war die Lage entschärft – die Wahl fiel nach den weiteren öffentlichen Besichtigungen auf das Schulhaus – kam die nächste Herausforderung: Eine Woche vor Fristende hatten die Deusmaurer lediglich Anteile in der Höhe von insgesamt 7.000 Euro unterzeichnet. Das war weniger als ein Fünftel des angestrebten Grundkapitals von 40.000 Euro. Der Dorfladen drohte am Geld zu scheitern.

Der Arbeitskreis traf sich zur Krisensitzung. Er beschloss, das Dorfgebiet und auch das von Nachbarorten abzulaufen und die Menschen persönlich anzusprechen. Jeder bekam Straßenzüge zugeteilt, in denen er oder sie um Anteile werben sollte. Dann zogen sie los. „An manchen Türen haben wir zwei- oder dreimal geklingelt, bis jemand da war“, erinnert sich Huber. Sie erklärten den Mehrwert eines Ladens, warum er trotz der Supermärkte in den umliegenden Kleinstädten erfolgreich sein könne und welche Ideen es über die Lebensmittelsparte hinaus gebe.

Die Deusmaurer ließen sich überzeugen. Auch die Angehörigen der US-Soldaten, die in einem halben Dutzend Doppelhäuser am Ortsrand wohnen, machten mit. Mehr noch: Eine der Frauen, die Deutsch spricht, zeigte Interesse an einer Mitarbeit im Laden. „Für die Häuser der US-Amerikaner war ich zuständig, das waren dann wirklich schöne und überraschende Erlebnisse“, sagt Lutter. Letztlich kamen knapp 40.000 Euro zusammen. 125 Haushalte zeichneten Anteile, mehr als drei Viertel des Ortes.

Die Umsetzung und der Weg dorthin

Noch im Herbst sollte es mit dem Umbau losgehen. Das ehemalige Schulhaus liegt zurückversetzt an der Durchgangsstraße. Es ist umgeben von einer immensen Fläche mit Betonplatten; zwischen den Ritzen wuchert

Unkraut. Die Fenster des Hauses sind vergittert, an einer Seite ist ein Lieferantentor. An der Rückseite schließt ebenfalls eine Freifläche an. Derzeit tüfteln Gemeinde und Arbeitskreis noch an einer Lösung, wie sie über geschickte Besitzverhältnisse an Fördergelder gelangen könnten. Es würde Umbau und Start erheblich erleichtern.

Handwerker aus dem Ort haben zugesagt, bei der Renovierung der 180 Quadratmeter Ladenfläche mit anzupacken. „Im Moment ist es fast wie ein Rohbau, wir müssen sehr viel erneuern“, erklärt Huber. Fenster und Türen sollen neu eingelassen werden, Toiletten gebaut, Leitungen verlegt werden, die dicken Mauern verputzt. Auch der Eingang wird eigens gestaltet. Im Frühjahr 2013 soll der Dorfladen eröffnen.

Bis dahin dürften auch die Verträge mit potenziellen Lieferanten abgeschlossen sein. Neben der Standard-Sparte, für die sich in der Region die LHG Eidelstedt anbietet, wollen die Deusmaurer vor allem auf Produkte aus der Gegend setzen. Käse, Backwaren, Fleisch und Wurst – der Großteil des Umsatzes soll mit Frischwaren erzielt werden. Die Bäcker, die fünfmal in der Woche mit Verkaufswagen im Ort halten, haben ihre Bereitschaft signalisiert, künftig an den Dorfladen zu liefern. „Ich glaube, so ein Konzept verändert auch den Großeinkauf im Supermarkt. Wenn ich weiß, ich kriege im Prinzip alles vor Ort und das auch noch frisch, dann nehme ich dieses Angebot doch wahr“, sagt Birgit Lutter.

Die Öffnungszeiten werden so liegen, dass die Lastwagenfahrer, die frühmorgens von und zu den Steinbrüchen in der Umgebung fahren, belegte Brötchen und eine Brotzeit kriegen. Auch Pendler sollen von der frühen Öffnung profitieren. Viele Deusmaurer arbeiten beispielsweise in Nürnberg, sie müssen morgens zeitig los. Ideal wäre es zugleich, abends länger geöffnet zu haben, um Einkäufe nach der Arbeit zu ermöglichen – was von diesen Überlegungen umsetzbar ist, darüber beraten Huber, Lutter und ihr Team derzeit.

Bis zum Frühjahr will die Unternehmergesellschaft Mitarbeiter für den Betrieb finden. Geschäftsführerin möchte Hubers Frau werden. Alle Beschäftigten sollen vor der Eröffnung geschult werden und womöglich ein paar Tage im Simonshofener Dorfladen mitarbeiten.

Wenn es gut läuft, könnte das neue Zentrum weitere Dienstleistungen anbieten, zum Beispiel einen Apothekendienst. Doch das hat Zeit. Planungen und ehrenamtlicher Einsatz konzentrieren sich erst einmal auf Laden und das Café. Auf der rückwärtigen Freifläche steht ein Apfelbaum; er spendet an heißen Sommertagen Schatten, der Ort bietet sich an für einen Außenbereich. Einziger Wermutstropfen: Auch hier ist die Autobahn deutlich zu hören. Vielleicht, überlegt Huber laut, greifen sie den Lärmschutz im Arbeitskreis ja wieder auf. Sobald der Dorfladen auf stabilen Beinen steht.

– Seddin –
Boule statt Brötchen

Immer neue Hindernisse ziehen Planungen in die Länge

Eine Mail nach Seddin, erweiterter Berliner Speckgürtel. Die Jahreshauptversammlung des „DORV-Club“ steht an, kurz vor Abgabe des Manuskripts – das passe hervorragend. Ob es in Ordnung sei, dass ich dazustoße? Einen Tag später die Antwort: Die Versammlung sei nicht öffentlich, es gehe auch um Interna. Ich könne aber zu einem gesonderten Termin in das Dorf etwa 50 Kilometer südlich von Berlin kommen. Ein Nachhaken, ein Erklärversuch: Gerade das Dabei-sein, das Beobachten von Treffen, der Umgang mit Konflikten, sei sehr interessant. Ein ausgewählter Presse-Termin hingegen bringe fürs Verstehen wenig. Wieder kommt eine abweisende Antwort.

Ähnliche Schwierigkeiten hatte ich in Seddin immer wieder. Seit ich 2010 von dem Vorhaben erfuhr, dort im leerstehenden Rewe-Markt einen Dorfladen einzurichten, bin ich bei der Berichterstattung darüber auf Vorbehalte gestoßen. Mal wollten Mitglieder des Arbeitskreises und späteren DORV-Clubs mir vorschreiben, mit wem ich reden dürfe und mit wem nicht, mal forderten sie mich auf, komplette Artikel vor dem Druck vorzulegen (was ich nie getan habe). Dabei habe ich dem Projekt von Anfang an Sympathie entgegengebracht, es war schließlich „mein“ erstes Anschauungsobjekt und einer der Grundsteine für dieses Buch. Zu Michael Schmidt, dem seit einiger Zeit amtierenden Vorsitzenden des „DORV-Clubs“, habe ich bei einem zufälligen Kennenlernen auch spontan einen guten Draht gefunden. Nur mit der Basis ist die Kommunikation kompliziert; es ist äußerst schwierig, Vertrauen aufzubauen. Stets klingen ein Unterton und das Vorurteil durch, die Öffentlichkeit eher als Gegner denn als Partner zu sehen scheint. Auch der Gedanke, Medien gezielt zu nutzen, scheint noch nicht wirklich verankert.

Ausschreibung

Die Gemeinde Seddiner See beabsichtigt den Um- und Ausbau eines 1989 im Ortsteil Seddin errichteten Verkaufsgebäudes. Unter einem Dach entstehen hier ein Lebensmittelmarkt, ein Café und eine soziokulturelle Begegnungsstätte für vielfältige bürgerschaftliche und Vereinsaktivitäten.

Für das Projekt sucht die Gemeinde einen engagierten

Betreiber
für den
Laden- und Cafébereich

Der Betreiber kann mit langfristigen und günstigen Pachtkonditionen rechnen sowie auf Wirtschaftlichkeitsuntersuchungen aufbauen, die im Ergebnis umfangreicher Analysen und Bedarfsermittlungen für Seddin und Kähnsdorf, aber auch für das nähere Umland erarbeitet wurden.

In Kooperation mit der Gemeinde und dem DORV Club Seddin e.V., der den Betrieb der soziokulturellen Begegnungsstätte organisiert und betreut, ist es Aufgabe des Betreibers, langfristig, stabil und zuverlässig an der Schaffung eines neuen Dorfzentrums für Seddin und Kähnsdorf mitzuwirken. Dazu gehört der Aufbau des Marktes für Lebensmittel und Waren des täglichen Bedarfs, eines Marktes, in dem freundlich und kompetent auch Dienstleistungen angeboten werden sowie das Café, in dem sich Einwohner, Besucher, Badegäste und viele Wanderer zu Fuß und Rad zu allen Jahreszeiten wohlfühlen können.

Das Projekt ist geeignet für den/ die erfahrene/n Kaufmann/-frau, für bereits existierende oder noch zu gründende Betreibergesellschaften oder Existenzgründer, die über die erforderlichen Voraussetzungen verfügen, um die Zielsetzungen von DORV – Dienstleistungen und Ortsnahe Rundum Versorgung – langfristig und gemeinsam mit der Gemeinde und einer engagierten Bürgerschaft zu verwirklichen.

Ihre Interessenbekundungen und Bewerbungen, auf die sich die Gemeinde Seddiner See und der DORV Club Seddin e.V. freuen, richten Sie bitte bis zum 10.08.2012 an:

Gemeinde Seddiner See
Bürgermeister Herr Axel Zinke
Kiefernweg 5
14554 Seddiner See/ OT Neuseddin

Tel.: 033205-5360
E-Mail: info@seddiner-see.de

Den Dorfladen gibt es immer noch nicht. Als ich zuletzt darüber berichtete, Anfang 2012, schien mit dem Integrationsverein „Pusteblume“ endlich ein Betreiber für die geplante Nahversorgungs-Sparte gefunden. Den Rest, also die sozialen Angebote, wollte der Verein tragen, den Cafébetrieb wollten sie sich teilen. Der Verein hatte Pläne für den Umbau zeichnen lassen, ein Modellbau war in Arbeit. Als es konkret wurde, zog der Verein zurück. Jan Steinau, der damals das Projekt mit seiner Frau maßgeblich gesteuert und für den Verein mit DORV in Seddin verhandelt hatte, erklärt auf Nachfrage, es habe im Verein grundsätzliche Unstimmigkeiten gegeben. Weder seine Frau noch er seien noch für die „Pusteblume“ tätig. Außerdem seien dem Verein durch wechselnde Vorsitzende Gelder in sechsstelliger Höhe verloren gegangen. Die derzeitige Vereinsspitze habe offenbar kein Interesse mehr an dem Seddiner Integrationsprojekt, das Steinau nach wie vor als sinnvoll gerade für einen Integrationsverein betrachtet.

Nun suchen Gemeinde und Verein im Schulterschluss nach einem Betreiber: Im Frühsommer schalteten sie eine Stellenanzeige in der Regionalzeitung.

Beim letzten Telefonat klang es verhalten optimistisch, dass es in Seddin etwas werden kann mit dem Dorfzentrum. Mittlerweile hat der DORV-Club die Betreibersuche an die Gemeinde abgetreten; bis Jahresende soll eine Lösung gefunden werden.

Der Verein hält die Bewohnerinnen und Bewohner derweil mit Veranstaltungen in regelmäßigem Abstand bei Laune – sei es zum „Infoabend auf der Terrasse“ oder zum „Boule-Turnier“. Doch das Team um Michael Schmidt weiß auch, dass es in absehbarer Zeit etwas werden muss mit dem Laden. Zum einen verfallen Fördermittel, wenn sie nicht in einem bestimmten Zeitraum abgerufen werden. Zum anderen verlieren die Menschen das Interesse an einem Projekt, wenn das Ziel völlig aus dem Blick gerät und zumindest scheinbar nichts passiert.

Es folgen zwei Texte aus den vergangenen Jahren, einer vom Spätsommer 2010, der andere von Anfang 2012. Jedesmal dachte ich, die Eröffnung des Dorfzentrums steht kurz bevor.

Erweitertes Angebot[*]

Ein Weihnachtsbaum mitten im Dorf, geschmückt mit Kinderbasteleien, das ist an und für sich nichts Besonderes. Für Olaf Leistner aber ist die vier Meter hohe Tanne vor dem leerstehenden ehemaligen Supermarkt in Seddin mehr als ein Brauch: Sie steht erstmals auf dem Grundstück, auf dem in diesem Jahr der Dorfladen eröffnen soll – mit einem Angebot an Lebensmitteln, mit einem Café, mit regelmäßigen Treffen. „2012 basteln wir den Christbaumschmuck im Laden", sagt Leistner.

Seit fast zwei Jahren planen Leistner und seine ehrenamtlichen Mitstreiter vom Verein „Dorv" Seddin (**D**ienstleistung und **o**rtsnahe **R**undum-**V**ersorgung) an einem Nahversorgungsangebot für das Dorf am gleichnamigen See. Seddin liegt im weiteren Speckgürtel von Berlin. Alteingesessene leben mit Zugezogenen zusammen, etwa drei Dutzend Kinder besuchen die Kita, ein Golfclub auf der anderen Seeseite lockt Touristen: Die Mischung gibt dem Ort eine solide Basis, anders als viele periphere Dörfer stirbt Seddin nicht schleichend aus. Nur einen Laden gibt es nicht mehr – das will der Verein ändern.

In Leistners Stimme schwingt Hoffnung mit, wenn er von den Planungen erzählt. Schon einmal stand ein Konzept, dann sprang ein Betreiber ab. Behörden verlangten bürokratische Hindernisläufe. „Man braucht einen langen Atem", sagt er.

Als die Gemeindevertretung kurz vor Weihnachten endgültig das Konzept für die Seddiner „Dorv" absegnete, waren die 43 Vereinsmitglieder entsprechend erleichtert. In den nächsten Wochen sollen die Förderanträge eingereicht werden, nach Renovierung soll der Zweckbau seine Türen öffnen. Seit fast zehn Jahren müssen die 1.100 Einwohner des Örtchens 50 Kilometer südlich von Berlin ohne Einkaufsmöglichkeit auskommen. Nachdem der Supermarkt aufgegeben hatte, weil es ihm an Kundschaft, Verkaufspersonal und einem passenden Konzept fehlte, steht das Gebäude leer.

Geplant ist nun, den Betrieb zweizuteilen, mit einem gemeinsam genutzten Café: Der Seddiner Verein kümmert sich um die sozialen und kulturellen Angebote, den Laden soll eine gemeinnützige GmbH organisieren, nämlich der Kleinmachnower Sozialverein Pusteblume. „Unsere Idee war, Menschen mit Handicap Arbeit zu geben", erzählt Gesellschaf-

[*] Aus der *tageszeitung* vom 03.01.2012.

ter Jan Steinau. „Der Laden scheint uns dafür ideal.“ Besonderheit einer gGmbH ist, dass alles Erwirtschaftete gemeinnützig verwendet werden muss. Steinau will zunächst sechs Mitarbeiter einstellen, drei davon mit Behinderung. Wer solche Arbeitsformen anbiete, erhalte staatliche Zuschüsse. Ansonsten müsse sich der Laden selbst tragen.

Steinau, ein kräftiger, ruhiger Mann, arbeitet freiberuflich in Berlin und engagiert sich seit Jahren für Behinderte und deren Angehörige. Der 37-Jährige kennt sich aus im Förder- und Behördendschungel. Tatsächlich scheint er von der Arbeitsorganisation für den Seddiner Laden eine klarere Vorstellung zu haben als von dessen Inhalt. „Wir wollen Lieferanten aus der Umgebung, so viel steht fest“, erzählt er über die Pläne für ein Lebensmittelangebot lediglich. Back- und Fleischwaren sollen möglichst aus der Nähe kommen, Fische gebe es im Seddiner See, auch Kräuter aus dem Dorf könnten verkauft werden. Was genau, wie genau, mit welcher Kalkulation – das will er dem noch gesuchten Marktleiter überlassen. „Dieser Posten wird das A und O, er muss einen Bezug zum Ort, aber eine Affinität zu Waren haben.“ Ziel sei, den Seddinern ein Angebot für den täglichen Bedarf vor Ort zu machen. Bislang allerdings müssen sie zwei Kilometer über die Bundesstraße durch den Wald fahren, um zum Discounter im Neuseddiner Gewerbegebiet zu kommen. Pendlern reicht das, älteren Seddinern allerdings nicht. Mehrere Umfragen im Zuge des „Dorv“-Projektes zeigten, dass die Menschen wieder eine Art Tante-Emma-Laden vor Ort haben wollen. Und dass sie bereit sind, dafür ein paar Cent mehr zu zahlen. „Nahversorgung steht als Wunsch ganz oben“, sagt Steinau.

Die ursprüngliche Idee für ein Wiederbeleben des Ladens kam von Bernd Lehmann. Er wohnt schräg gegenüber dem leerstehenden Gebäude. Bei einem Vortrag erfuhr er von ähnlichen Projekten in Nordrhein-Westfalen; dort ist aus einer Nahversorgungsinitiative ein kleines Beratungsunternehmen entstanden, das bundesweit Dorfladen-Ideen prüft und Projekte gegebenenfalls begleitet. Jürgen Spelthann, einer der „Dorv“-Manager, beriet auch die Seddiner. Er äußert sich positiv über die Zukunftschancen des Vorhabens. „Bei bürgerschaftlichem Engagement ist es immer so, dass es dauert“, sagt Spelthann. Eine Vorlaufzeit von zwei, drei Jahren sei nichts Ungewöhnliches.

Kritiker werfen Spelthann und dem „Dorv“-Konzept indes vor, zu wenig wirtschaftlich zu arbeiten. Sie schlingerten zwischen Ehrenamt und Unternehmung, anstatt klar betriebwirtschaftlich zu denken, so die Kritik.

Besonders in Süddeutschland, wo in den vergangenen Jahren Dutzende Nahversorgungs-Initiativen auf dem Land gestartet sind, wird die gewinnorientierte Linie bevorzugt. Nicht ohne Grund: In diesen Gegenden gibt es im Prinzip keine staatlichen Fördermittel, die Läden sind auf ihre eigene, solide Bilanzierung angewiesen. Viele sind als Genossenschaft angelegt, so dass das Geschäft letztlich den Einwohnern selbst gehört.

Ähnliches war anfangs in Seddin geplant, dann aber verworfen worden. Die Zweiteilung der Betreiber soll nun eine langfristige Basis sicherstellen. Der Umbau wird mit fast 765.000 Euro veranschlagt, 345.000 Euro davon will die Gemeinde selbst aufbringen, der Rest soll über Fördermittel finanziert werden. Ob sich Laden und soziale Angebote als erfolgreich erweisen, wird vom Konzept abhängen. Das bekennt auch Gesellschafter Steinau: Nur eine Konkurrenz zum Discounter sein zu wollen, werde nicht reichen. Steinau denkt über einen Schwerpunkt auf frischen, regionalen Produkten nach, auch spezielle Angebote für Ausflügler aus Berlin seien denkbar. „Wir haben viele Höfe in der Umgebung, die ihre Waren in der jeweiligen Saison im Dorfladen mit anbieten können“, bestätigt Olaf Leistner vom Verein „Dorv“. Er glaubt, dass das Gebäude schon wegen der Mischung aus Lebensmittelladen und Dorftreffpunkt überleben werde.

Gesprächsrunden mit Professoren, Kochevents, Seniorentreffs, ein Lesecafé, Kooperationen mit der „Kulturscheune“, eine Fahrrad-Reparatur-Station – Leistner braucht beide Hände, um die Ideen für das Supermarkt-Haus aufzuzählen. „Im Frühjahr stellen wir einen Veranstaltungsplan auf, außerdem werden wir in einem Schaukasten am Gebäude über den Projektstand informieren.“ Angedacht ist zudem, dass Initiator Lehmann ein Modell des neuen Ladens baut – ebenfalls auf dem Grundstück, vor den noch heruntergelassenen Jalousien des Zweckbaus. Also genau dort, wo noch und Ende des Jahres wieder der Dorf-Weihnachtsbaum steht.

*Gesucht: Der Laden gleich um die Ecke**

Als vor sieben Jahren der Supermarkt an der Hauptstraße dichtmachte, kam den Seddinern auch ein Treffpunkt abhanden. Sicher, die Senioren besuchen Kurse im Gemeindehaus, junge Eltern sehen sich in der Kita. Aber der Plausch beim Bäcker, ein kurzes Hallo an der Supermarktkasse oder ein Schwatz an der Fleischertheke – das ist in Seddin jetzt Geschichte. Es gibt keine Einkaufsmöglichkeit mehr in dem 1.100-Seelen-Ort im Landkreis Potsdam-Mittelmark. Oder noch nicht. Denn die Einwohner haben beschlossen, ihre Nahversorgung selbst zu organisieren. Bürgerinnen und Bürger gründen einen Dorfladen – es wäre das erste Projekt seiner Art in Brandenburg.

Fünfzig Kilometer von Berlin entfernt, lässt sich Seddin noch zum Speckgürtel rechnen. Alteingesessene leben mit Zugezogenen zusammen, den Weihnachtsmarkt rund um die Dorfkirche organisieren die Bewohner in Eigenregie. Auf der anderen Seite des Großen Seddiner Sees liegt ein Golfplatz, der am Wochenende Berliner aus der Stadt lockt. An die 30 Kinder besuchen die Kita, auf dem Spielplatz gegenüber ist auch immer etwas los: Der Ort hat eine Basis.

Nur keine Einkaufsmöglichkeit. Die nächsten Supermärkte sind in Neuseddin, zwei Kilometer entfernt, aber durch die Bundesstraße abgeschnitten. Wer dorthin will, muss entlang der Straße durch den Wald, bis er ins Gewerbegebiet kommt. Dort haben sich um einen Parkplatz ein Drogeriemarkt, ein Bäcker, ein Blumenladen und ein Lebensmitteldiscounter angesiedelt. Mitten im Wald, man fährt mit dem Auto hin, kauft ein, fährt davon. Pendlern, die am Bahnhof Neuseddin in den Zug steigen, reicht das. Den älteren Seddinern, die nur noch schlecht zu Fuß sind, nicht.

Eine ganze Weile akzeptierten die Seddiner diese Situation. Es ist ja auch keine Seltenheit im ländlichen Raum: Die Dorfidylle existiert fast nirgends mehr; kleine Einzelhändler – die „Tante Emma" – sind ausgestorben. Dann traf der Seddiner Bernd Lehmann bei einem Vortrag Jürgen Spelthann. Spelthann ist Mitarbeiter der „Dorv GmbH", einer Gesellschaft für „Dienstleistung und ortsnahe Rundumversorgung". Deren Gründer Heinz Frey hatte in Nordrhein-Westfalen einen Dorfladen initiiert und war mit seinem Genossenschaftsmodell so erfolgreich, dass sich

* Aus der *tageszeitung* vom 7.9.2010.

Gemeinden bei ihm Rat holten. Zur Bewältigung der Anfragen musste Frey bald Spelthann als Mitarbeiter einstellen.

Die Herausforderungen, die der Nordrhein-Westfale beschrieb, kamen dem Brandenburger bekannt vor. „Wir haben hier im Ort nichts mehr außer einem Friseur", sagt Bernd Lehmann. „Viele sind nicht mehr mobil, das Dorf altert." Was die in NRW können, schaffen wir auch, dachte sich der Rentner. Das Gebäude ist ja da; seit Rewe aus dem zweckmäßigen Haus an der Hauptstraße auszog, steht es leer. Die Rollläden sind heruntergelassen, Absperrband flattert, Wurzeln haben die Steinplatten auf dem Parkplatz aufgebrochen. Es müsste nur ein bisschen hergerichtet werden.

Lehmann gründete eine Initiativgruppe, erkundigte sich bei der Landesregierung nach Fördermitteln, organisierte eine erste Fragebogenaktion im Frühjahr mit, stets in Kontakt mit Spelthann. Was wollt ihr in eurem Dorf? Wollt ihr überhaupt ein Zentrum, und was soll es leisten?, so die Fragen. Das Ergebnis: Mehr als 95 Prozent der Seddiner waren dafür, dass sich der leerstehende Supermarkt wieder mit Waren und Leben füllt.

Für Lehmann eine Bestätigung. 67 Jahre ist er alt, er handelt auch in Voraussicht: Wer weiß, ob er in zehn Jahren noch mit dem Auto zum Supermarkt fahren kann, zum Geldautomaten? Dazu kommt: Für die Zugezogenen und die Jüngeren, die in Beelitz, Potsdam und Berlin arbeiten, ist ein Treffpunkt zweitrangig. Die älteren aber, die arbeitslos oder im Ruhestand sind – für die wäre ein Ort wichtig, an dem sie sich austauschen und eine Gemeinschaft pflegen können.

Jürgen Spelthann erstellte eine Basisanalyse für Seddin. Das Geld dafür kam von einem Versicherer, der einen Fonds für derartige Projekte aufgelegt hat. Als der Dorv-Mann seine Ergebnisse vorstellte, kamen 120 Menschen, der Gemeindesaal war rappelvoll. „Das ist ein wichtiger Indikator für uns", sagt er. Engagement könne nur entstehen, wo Menschen von etwas begeistert sind. Spelthanns Bilanz: „In Seddin ist eine bürgerschaftliche Lösung möglich." Ursprungsinitiator Lehmann hat sich nach Streitereien mit anderen Akteuren zurückgezogen. Nun will eine nach der Bürgerversammlung gegründete Steuerungsgruppe den Dorfladen realisieren.

Zunächst sollen die Bewohner auf einem neuen Fragebogen genauer ihre Wünsche formulieren, auf dieser Basis will die Gruppe ein Geschäftsmodell entwerfen. Den Ideen und Ansprüchen gerecht zu werden, wird auf jeden Fall eine Herausforderung – sie sind vielfältig. „Ein kleiner Supermarkt mit Café, das wäre prima", sagt etwa Katja Neubert, die gerade Elternzeit nimmt, aber sonst außerhalb arbeitet. „Das kann wegen mir auch einen Tick teurer sein." Daniela Weißflog wünscht sich einen Jugendtreff: „Die Jugendlichen haben nichts im Moment." Und die Frau am Kirchplatz meint, alles, was komme, sei ein Gewinn. Natürlich solle das Geschäft auch offen haben, wenn die Pendler von der Arbeit kommen, und am Wochenende, zu teuer darf es auch nicht sein …

Die Steuerungsgruppe will bestehende Läden in Nordrhein-Westfalen oder Bayern besichtigen. In Ostdeutschland existieren solche Genossenschaftsprojekte bisher kaum. Warum, darüber kann Experte Spelthann nur spekulieren. Nach der Wende hätten Supermarktketten den neuen Markt überschwemmt, sagt er. „Man hat sich sehr darauf verlassen, dass der Handel kommt und die Probleme löst."

Spelthann ist davon überzeugt, dass nun auch in Brandenburg eine Bewegung „von unten" einsetzt. Überalterung, Abwanderung und der gleichzeitige Rückzug von Konzernen aus dem ländlichen Raum seien Probleme, die sich verschärfen, sagt er. Die Soziologin Claudia Neu pflichtet dem bei. Sie hat im Auftrag der Universität Rostock eine Gegend in Mecklenburg-Vorpommern auf Nahversorgungskonzepte hin untersucht. „Überalterung und Abwanderung sind rasend schnelle Abläufe, in Ostdeutschland sind diese Prozesse für jeden sichtbar." In Seddin denkt die Steuerungsgruppe über die Gründung einer Genossenschaft oder einer GmbH nach, auch abhängig davon, was das Zentrum leisten kann. Sind die unterschiedlichen Vorstellungen abgestimmt, wartet die nächste Herausforderung auf die Steuerungsgruppe: Es müssen sich Leute finden, die langfristig mitarbeiten wollen. Das Dorfzentrum soll wirtschaftlich arbeiten und regionale Kreisläufe fördern. Tagsüber im Laden arbeiten kann eigentlich nur, wer in Frührente ist. Menschen wie Daniela Weißflog und Katja Neubert sind zwar mit Engagement und Interesse dabei; mehr als punktuell können sie wegen Arbeit und Familie kaum mitwirken. Und Seddinern im fortgeschrittenen Alter ist es kaum mehr zuzumuten, lange hinter der Theke zu stehen.

Eigentlicher Knackpunkt bleibt die Wirtschaftlichkeit. Es müssen so viele Menschen solche Mengen abnehmen, dass sich der Laden trägt. „Mit Preisen vom Discounter können und sollen Dorfläden nicht konkurrieren", erklärt Spelthann. Inzwischen haben sich einzelne Großhändler auf die Belieferung kleiner Geschäfte auf dem Land oder am Stadtrand spezialisiert oder mit „IK – Ihr Kaufmann" und „Markant" eigene Nahversorgervertriebslinien aufgebaut. So seien herkömmliche Supermarktpreise möglich, ist Spelthann überzeugt. Der Dorv-Mitarbeiter verweist auf den Ursprungsladen der Gesellschaft im nordrhein-westfälischen Barmen. Nur 10 Prozent der Einkäufe tätigten die Bürgerinnen und Bürger dort – 90 Prozent kauften sie nach wie vor in weiter entfernten Supermärkten. Für das Weiterbestehen des Ladens reiche das aber aus.

Heinrich Becker ist da skeptischer. Für das Bundesforschungsinstitut Thünen, das ländliche Räume im Fokus hat, beobachtet er Daseins- und Nahversorgung auf dem Land seit vielen Jahren. „Zumindest bei Dorfläden, die mit Subventionen angeschoben werden, ist das bisweilen rausgeschmissenes Geld“, stellt er fest. „Die Mehrzahl dieser Läden hat nach wie vor große Probleme, die Leute sind nicht zufrieden mit dem Angebot, außerdem hat sich das Kaufverhalten der Mehrheit nicht geändert – sie fahren nach wie vor mit dem Auto zum Supermarkt.“

Der Wissenschaftler erinnert zudem daran, dass mobile Einzelhändler manche abgelegenen Dörfer anfahren und damit zumindest ein Basisangebot sicherstellen. Es wäre kontraproduktiv, wenn sie wirtschaftlich leiden müssten, weil ein mit staatlichen Mitteln hochgezogener Dorfladen in Konkurrenz tritt. Auch nach Seddin kommen mehrmals in der Woche ein mobiler Bäcker und ein Fleischer.

Um Wettbewerb zu vermeiden und solche für den ländlichen Raum wichtigen Angebote zu erhalten, müssten mobile Händler eingebunden werden. Spelthann stimmt dem zu: Ziel könne nicht sein, die Kleinanbieter zu erledigen; vielmehr sollten regionale Kreisläufe gestärkt werden, sagt er. Wenn also ein Laden Gemüse und Kartoffeln vom Bauern aus dem Dorf anbietet, integriert er den Landwirt in die Konsumkette – gleichzeitig bietet er frische und regionale Ware an, die Verbraucher bei Aldi oder Netto nicht finden.

Nischen suchen, dafür plädiert auch Becker vom Thünen-Institut. Also auf Frische setzen, Regionales – seiner Ansicht nach die einzige Chance, sich dauerhaft zu behaupten. Auch der Seddiner Steuerungskreis meint, dass sich ein reiner Minisupermarkt nicht trägt. „Maßgabe ist, dass in dem Laden neben Waren des täglichen Bedarfs auch Dienstleistungen angeboten werden und er so zum Service- und Kommunikationszentrum werden kann“, sagt Ellen Krahnert von der Steuerungsgruppe.

Bei der Soziologin Neu stoßen solche Ansätze auf Zustimmung. Mit den richtigen Rahmenbedingungen könne es funktionieren, sagt sie. Neu distanziert sich von den Thesen Heinrich Beckers, der vor einer Idealisierung des Dorflebens früherer Zeiten warnt. Damit habe das nichts zu tun, sagt sie. Es gebe offenbar ein Bedürfnis nach Nahversorgungs- und Kommunikationszentren in peripheren ländlichen Gegenden, sagt sie. Schließlich würden die Bewohner aus Eigenantrieb aktiv.

Außerdem ist sie davon überzeugt, dass sich die Situation auf dem Land aufgrund des demographischen Wandels verschärfen wird. Im Moment könne fast jeder einen Supermarkt in der näheren Umgebung erreichen, sagt Neu, die inzwischen an der Hochschule Niederrhein lehrt. Aber: „Wir stehen unmittelbar vor einer Versorgungslücke." Auf Dörfer wie Seddin, das sich aus Eigenantrieb versorgen will, könnten vermeintlich rosig ausgestattete Orte in absehbarer Zukunft neidisch werden.

Fazit

- Die Nahversorgungssituation hat sich schleichend verschlechtert. Zunächst fiel es nicht so auf, dann wurde es hingenommen. Die Menschen orientierten sich nach außen, zur Stadt hin. Erst als der demographische Wandel auf dem Land greifbar wurde – verstärkt durch die Abwanderung junger Menschen – erkannten die Bewohner das Problem als ein solches.

  Mit dem Schließen des letzten Geschäfts offenbarte sich die Verbindung zwischen Nahversorgung und Kommunikation: Auf einmal gab es nicht nur keine Einkaufsmöglichkeit mehr. Man sah sich auch nicht mehr. Die Kundin im Frabertshamer Dorfladen hat es anschaulich beschrieben: So lange ihr Mann und sie in die nächstgrößere Gemeinde zum Supermarkt fahren mussten, haben sie ihre Nachbarn oft tagelang nicht zu Gesicht bekommen. Das hat die Frau bedauert. Jetzt kaufen beide Familien im Laden vor Ort ein – und treffen sich wieder.

Nahversorgung auf dem Land

- 60 Prozent der Dorfbevölkerung hat keinen Laden mehr im Ort
- 1966 gab es dreimal so viele Lebensmittelgeschäfte wie heutzutage. Dabei werden die Märkte immer größer an Laden- und entsprechender Parkplatzfläche
- Im Westen begünstigen seit den 50er-Jahren der steigende Massenkonsum, Mobilität und der Wandel in der Landwirtschaft die Entwicklung: Immer mehr Menschen arbeiten außerhalb des Dorfs, und kaufen auf dem Weg zur Arbeit ein
- Die Flurbereinigung nimmt den Dörfern Aufenthaltsqualität, auch baulich geht die „Mitte" verloren
- Auf den Osten rollt nach der Wende eine Supermarktschwemme zu, es geht um den billigen Massenkonsum – zu Lasten der kleinen Geschäfte vor Ort
- Gleichzeitig wird in Abwanderungsgegenden der Nahverkehr ausgedünnt. Wer kein Auto hat, kommt nicht mehr zum Supermarkt

- **Die Menschen.** Unzufriedenheit allein bewegt noch nichts, das hat das Beispiel Sandau gezeigt. **Nur**

wenn Bürgerinnen und Bürger ihre Situation im Dorf tatsächlich als Not begreifen, werden sie ihr Jammern in Energie und Engagement ummünzen. Sie, die Einheimischen, müssen den Laden wollen. Ein Dorfzentrum soll für die Bewohner da sein – wenn die Menschen gar kein Interesse daran haben, warum dann die Mühe? Außerdem sind sie es, die das Startkapital für einen Laden zusammenlegen, egal in welcher Geschäftsform. In manchen Regionen schmerzt ein niedriger dreistelliger Eurobereich mehr, in anderen weniger. Keiner aber wird investieren, wenn er nicht überzeugt ist. Der Unternehmensberater Volker Hahn, der mit seinem *Nahversorger-Institut* mehr als 30 Projekte im süddeutschen Raum betreut, nennt 40.000 Euro eine gute Grundlage. Wolfgang Gröll verweist darauf, dass die Startsumme je nach Projekt unterschiedlich hoch sein müsse. Einen Standardwert gebe es nicht.

Vom ersten Kapital wird der Laden her- und eingerichtet, mit Waren bestückt, werden die ersten Mieten und das Personal bezahlt. Spätestens, wenn die Kühltruhe ausfällt oder die im Internet ersteigerte Wurstschneidemaschine den Geist aufgibt, wird auch der Sinn von Rücklagen klar.

Die Menschen im Dorf sind auch dauerhaft die wirtschaftliche Grundlage für den Laden. Sie sorgen mit ihren Einkäufen für Umsatz – daher ist ein passgenaues Sortiment wichtig. Pendlerfamilien, in denen beide Elternteile arbeiten, sind vermutlich froh um ein gutes Obst- und Gemüsesortiment. In anderen Dörfern werden die Menschen ihre eigenen Nutzgärten pflegen. Mancherorts ist ein Bauer froh um den direkten Absatzmarkt, in einigen Gegenden wiederum gibt es kaum mehr kleinteilig wirtschaftende Landwirte, und der Großmarkt ist der bessere Lieferpartner.

Auch die Zusatzangebote wie Café, Postannahmestelle oder Reisebüro beruhen auf entsprechender Nachfrage vor Ort – bis hinein in Details, wie lange das Café geöffnet hat und ob es dort Kuchen oder Brotzeiten geben soll.

- **Die Macher.** Häufig sind es einzelne Menschen oder eine sehr kleine Gruppe, die die Initiative ergreifen. Sie haben sich oft schon in der Vergangenheit ehrenamtlich engagiert, im Verein, in der Lokalpolitik und sind nun bereit, ihre Sozialkompetenz zur Verfügung zu stellen. Deswegen gelingt es ihnen auch, Mehrheiten hinter sich zu versammeln. Sie spalten nicht, **sie sind Multiplikatoren – Menschen, die andere im Engagement mitziehen**. Zugleich bringen sie unternehmerisches Wissen mit, sie können Bilanzen aufstellen und lesen, mit Verwaltungsrichtlinien umgehen, Anträge schreiben. Und sie sind in der Region verankert: Bei Dorfläden geht es immer auch darum, zu integrieren statt in einen Wettbewerb zu treten. Es ist besser, mit dem fahrenden Bäcker zu reden und sein Angebot in den Laden aufzunehmen, als stillschweigend ein Sortiment von Aufbackwaren ins Regal zu legen. Gibt es ein Gasthaus im Ort, ist es von Vorteil, den Cafébetrieb abzustimmen und Lücken zu füllen.

Menschen wie Günter Lühning in Otersen sind ein gutes Beispiel für solche „Macher“, die Vision und Sachverstand in sich vereinen. Auch der Barmener Heinz Frey ist immer ein umtriebiger Geist gewesen und ein unbequemer, weil aufmüpfiger Bürger; außerdem ist der Lehrer seit langem ehrenamtlich politisch tätig. Johanna Mayer in Harthausen brachte das Organisationstalent einer Mutter, das betriebswirtschaftliche Wissen einer Floristin und die pragmatische Lebensauffassung mit, dass Dinge besser angegangen werden sollten anstatt über sie zu reden. In Gelting hingegen haben sich die Eigenschaften auf vier Schultern verteilt: Peter Mellwig hatte die Management-Erfahrung in einem Großkonzern gesammelt, Franz Wirtensohn war im Dorf verwurzelt und kannte sich mit Landwirtschaft und regionalen Produkten aus.

Interessant wäre, einmal genauer die Rolle der Frauen zu untersuchen: Die Recherchen und Besuche für dieses Buch waren nicht repräsentativ. Indes fiel auf, dass Betreiber und Helfer in der Mehrzahl Frauen waren, während das Steuern und Entscheiden Männern vorbehalten blieb. Johanna Mayer ist eine Ausnahme. Warum? Auf diese Frage habe ich noch keine befriedigende Antwort gefunden. Eigentlich sind Land-Frauen hervorragend geeignet für neue Projekte: Gut ausgebildet, kompetent, oft wegen der Kindererziehung traditionell zu Hause geblieben, später wieder mit Zeit und Energie aber keinem vollen Arbeitsplatz gesegnet. Sie könnten „Macher“ sein.

Diskussionswürdig ist auch der ehrenamtliche Einsatz der Bürgerinnen und Bürger. Ohne solch unbezahltes Engagement funktioniert kein Laden. Doch wie weit darf Arbeit ohne Lohn gehen, ohne in Ausbeute zu münden? Entlassen die Menschen vor Ort ihre Politiker zu leicht aus der Pflicht, begünstigen noch, dass sich der Staat aus der

Daseinsvorsorge zurückzieht? Wie kann Ehrenamt anerkannt werden? Und, nicht zuletzt: Wer übernimmt, wenn ältere Engagierte ausfallen?

- **Das Sortiment.** Vieles wird ausprobiert und entwickelt sich im Lauf der Zeit. Auch wenn Projektgruppen vorab Fragebögen mit Wünschen verteilen und nach eigenem Bedarf fragen, kann manches Lebensmittel wochenlang im Regal liegen. Wichtig scheint, das Einkaufsverhalten der Kunden zu beobachten. Wird etwas Spezielles gewünscht, ist es sinnvoll, es zeitnah zu bestellen oder anderswie zu besorgen: Das macht für Kunden Nähe aus. Ganz passiv müssen sich Ladenbetreiber gleichwohl nicht verhalten. Der Frabertshamer Mini-Vollsortimenter ist ein gelungenes Beispiel dafür, wie Anreize zum Einkaufen gesetzt werden können. Hans Schloder und sein Team suchen sich in regelmäßigen Abständen Nischenprodukte und bewerben sie mit handgeschriebenen Schildern in knalligen Farben. **Nicht zu viele auf einmal, nicht zu oft, mit einer Probier-Aktion – so kommen die Menschen auf neue Geschmäcker**.

Die **Geschäftsform** wechselt je nach Region. Die Bürgerinnen und Bürger in Otersen haben sich für einen **wirtschaftlichen Verein** und damit eine Art **Mini-Genossenschaft** entschieden, um die Prüfkosten durch den Genossenschaftsverband zu sparen. In Bayern finden sich **herkömmliche Genossenschaften**, es sind in der Regel wirtschaftlich gut laufende Läden, denen die Verbandsgebühren wenig ausmachen.

Neben **klassischen Vereinen** sind in der jüngeren Zeit vermehrt **Unternehmergesellschaften** aufgekommen. Sie basieren auf aktiven und stillen Gesellschaftern, Vorteil ist, dass jeder nur für seinen Anteil haftet und der Vertrag einfach zu schließen (und zu verstehen) ist. Bei größeren Vorhaben scheint es vorteilhaft, **die Geschäftszweige aufzuteilen** – in der Stadt Hallstadt etwa, wo ein Laden mit einer Fläche von 700 Quadratmetern entstehen soll, will die Gemeinde Immobilie und Grundstück besitzen, die Bevölkerung soll für Betrieb und Sortiment haften.

- Unterm Strich kann es ein Dorfladen so schaffen, sich dauerhaft und eigenständig zu behaupten. Erfolgskriterium kann und wird nie sein, so viel Gewinn wie möglich zu erzielen, das ist ja auch nicht Ziel der Initiativen. Die schwarze Null, ein paar Rücklagen, der vorsichtige Überschuss zur Finanzierung neuer Projekte, das reicht völlig. Zugleich ist es sinnvoll, sich einen Weg durch den Förderdschungel von Europäischer Union, Bund und Ländern zu bahnen – wer sich auskennt, kann manches Programm anzapfen, und das Geld ist ja da.

Ein übertragbares Generalkonzept gibt es nicht. Was in einem Ort gut funktioniert, kann sich im nächsten als Luftnummer oder Ladenhüter erweisen. Das gilt für Gesellschaftsform, Standbeine, Gebäude und Waren gleichermaßen. Selbst was „Erfolg" im jeweiligen Dorf bedeutet, ist unterschiedlich. Der Ort versteht den Dorfladen vor allem als soziale Mitte und freut sich, wenn die Menschen zum Reden vorbeikommen. Der zweite will mit der Nahversorgung schwarze Zahlen schreiben, ein dritter findet es wichtig, dass ab und zu ein Arzt Sprechstunden anbietet und der Bäcker sonntags frische Brötchen liefert.

Erfolgreiche Dorfläden sind individuell. **Sie sind eine Marke und pflegen ihr Alleinstellungsmerkmal in der Gegend.** Niemand macht das besser vor als der Laden in Gelting, den Mitgründer Wirtensohn mit den Worten charakterisiert: „Wir sind kein Supermarkt!"

II.

Die Einzelkämpfer

– Berkenbrück –
„Dann orientiert man sich eben neu“

Nischen des Arbeitsmarkts für sich nutzen

Für Sozialromantik ist kein Platz im Leben von Annette Trebs. Jüngst häkelte eine Kundin einen Pullover für sie, einfach so, als Geste. Trebs nahm die Plastiktüte mit dem Geschenk darin, schaute kurz hinein und hängte sie an den Kleiderhaken in dem kleinen, durch einen Vorhang abgetrennten Büro. Da hing sie dann. „Ist nicht mein Stil“, sagt sie und zuckt mit den Schultern.

Annette Trebs ist eine kleine, kräftige Frau mit grundlegender Skepsis gegenüber nettem Verhalten. Überhaupt ist sie misstrauisch; 20 Jahre Nachwende-Erfahrung, in denen sie ihren Job verlor und sich mit ihren

Problemen oft allein gelassen fühlte, haben Trebs zur Einzelkämpferin werden lassen. Zuerst will sie sich gar nicht auf ein Gespräch über ihren Dorfladen in Berkenbrück, eine Zugstunde östlich von Berlin, einlassen. Ein Treffen lehnt sie ab. Es gebe doch andere, größere Läden, weicht sie aus. Außerdem rede sie aus Prinzip nicht mit der Presse. Hm. Aber sie habe doch die Lokalzeitung hineingelassen in ihr „Nette's Lädchen"? Das sei eine Ausnahme gewesen. Beim zweiten Mal sei der Redakteur übrigens ungefragt gekommen. Die Unternehmerin erbittet sich Bedenkzeit übers Wochenende, ich möge am Montag zurückrufen. Schließlich stimmt sie zu, unter der Bedingung, dass ihr Mann dabei ist.

Das Dorf präsentiert sich unwirtlich, ein Spiegel der ersten Telefonate. Das Bahnhofshäuschen steht verwaist und einsam zwischen Fürstenwalde und Frankfurt an der Oder. Bis in den Ort ist es einen guten Kilometer zu gehen. Die Straße führt an einem Waldstück vorbei und an einem leerstehenden, früher sicher schönen hochaufragenden Haus. Berkenbrück ist ein Straßendorf; getrennt durch einen staubigen Randstreifen liegen Einfamilienhäuschen mit Spitzdächern hinter Vorgärten, die oft nurmehr als Rasenfläche dienen. Vereinzelt stehen Bungalows dazwischen, ein Neubaugebiet versteckt sich hinter einer Seitenstraße. Das Feuerwehrhaus sieht neu aus.

„Nette's Lädchen" liegt am Dorfplatz, es ist ein Eckhaus. Gegenüber kündigt eine Gaststätte an, bald zu eröffnen, auch eine Pension gibt es. An der hängt noch eine rote Lampionkette, es war vorher ein Puff. Ein Schild erinnert an den Friseursalon Jenny ein paar hundert Meter weiter. Damit ist das Dienstleistungsangebot in Berkenbrück erfasst; der Fleischer hat aufgehört.

Zu DDR-Zeiten gab es einen Konsum und einen privat betriebenen Obst- und Gemüseladen. Er war in dem heutigen Lebensmittelgeschäft eingerichtet. Nach der Wende versuchte die Tochter der Privatunternehmer einige Jahre, ein Grundangebot im Dorf aufrecht zu erhalten. Die Geschäfte liefen schlecht in einer Zeit, in der im fünf Kilometer entfernten Fürstenwalde ein Supermarkt nach dem nächsten aufmachte und auf dem Land immer mehr fliegende Händler ihre Waren anpriesen.

Das Ehepaar Trebs wohnt in Fürstenwalde und besitzt in Berkenbrück einen Kleingarten. Als es erfuhr, dass das Lebensmittelgeschäft schließen sollte, entschloss es sich spontan zur Übernahme. Annette Trebs war zu der Zeit arbeitslos, ihr Mann Rentner. Er sagte: Das wäre doch was für dich. Die Beraterin im Arbeitsamt war froh, eine Frau weniger in der Arbeitslosenstatistik zu haben – dem Unternehmen stand nichts im Weg. „Ich bin rein in den Laden und habe gesagt: Ich brauche eine betriebswirtschaftliche Aufrechnung, können Sie die mir geben? Damit bin ich zum Arbeitsamt und habe Gründerzuschuss beantragt und ein Coaching bei der Industrie- und Handelskammer." Sie bekam alles; der Gründerzuschuss in seiner damaligen Form gewährte im ersten Jahr der Selbstständigkeit eine finanzielle Hilfe in Höhe des Arbeitslosengelds I.

Innerhalb von zwei Wochen renovierten Annette Trebs und ihr Mann den Laden, sie erneuerten den Fußboden und bauten in dem durch einen Vorhang abgetrennten Rückraum eine Arbeitsfläche und eine Einfassung für einen Herd; außerdem eine Ecke, in der Buchhaltung und Bestellungen erledigt werden sollten. Sie handelten einen Mietvertrag mit der Eigentümerin des Gebäudes aus. Zugleich machte sich das Ehepaar auf die Suche nach einer Bank, die ihnen einen Kredit gewähren würde. Nach mehreren Versuchen bei Geldinstituten in den umliegenden Städten hatten sie Erfolg. Die insolvente Vorbetreiberin überließ den Nachfolgern die restlichen Waren und die Einrichtung. Am 10. August 2007 eröffnete „Nette's Lädchen". Warum diese Eile? „Wir wollten gar nicht erst eine Lücke entstehen lassen, sonst gewöhnen sich die Leute an den Zustand. Außerdem war es zur Saison."

Annette Trebs hat sich aufgewärmt, sie kommt ins Erzählen. Ihr Mann gießt Brühkaffee auf, gemeinsam sitzen sie in dem etwa vier Quadratmeter großen Hinterzimmer. Gemütlich ist es nicht, und ziemlich kalt an diesem Februartag. Im Laden aber, der gerade geschlossen hat, wäre es noch kälter, und es gilt Heizkosten zu sparen. Der Geschäftsraum misst 28 Quadratmeter, mit den großen Fenstern sieht er ein wenig aus wie ein Kolonialwarenladen. Links neben dem Eingang ist die Kasse, dahinter das Backwarenregal und ein Aufbackofen für Brötchen. Rechts ziehen sich Regale die Wand entlang, ergänzt durch ein niedrigeres Regal im Mittelgang. Auch eine Tiefkühltruhe gibt es. Den in Holz gefassten Herd im Rückraum haben die Betreiber eingerichtet, weil sie anfangs kleine Speisen für Bauarbeiter und Rad-Ausflügler anboten. Es lohnte sich nicht, deswegen kochen sie nun nicht mehr. Seitdem zieht Annette Trebs die Jalousie vor der Ladentür auch nicht mehr ganz hoch – sondern nur so weit, dass der Schriftzug „Imbiss“ verdeckt bleibt.

Das Ehepaar teilt sich die Arbeit. Peter Trebs übernimmt die Einkäufe, er fährt bis zu dreimal in der Woche in den Großmarkt nach Frankfurt/Oder. Seine Frau bleibt derweil im Laden, verkauft und kümmert sich um die Buchhaltung. „Nette's Lädchen“ hat von 7 bis 11 Uhr geöffnet und von 15 bis 17 Uhr, samstags ist bis 10 Uhr auf. Für Sonn- und Feiertage können Backwaren vorbestellt werden. Trebsens backen sie auf: Brot und Brötchen kommen tiefgekühlt vom Harry-Konzern. *Einen echten Bäcker können Sie nicht bezahlen. Außerdem schmeckt Harry besser, das ist frisch und die Qualität ist spitze. Wir hatten hier Bäckerware aus Fürstenwalde, das hat sich nicht gehalten. Die Schrippen waren morgens schon kalt und mittags waren sie hart.* Backwaren sind der Umsatzbringer in „Nette's Lädchen“; an Feiertagen wandern bis zu 600 Brötchen über die Ladentheke, der Sohn der Familie hilft dann beim Verkauf.

Eine Legehennenfabrik aus Briesen, nicht weit entfernt von Berkenbrück, liefert Eier. Ein-, zweimal versuchten Annette und Peter Trebs, günstigere Eier vom Großhandel ins Sortiment zu nehmen – vergeblich. Die Kunden verlangten stets nach den Briesener Fabrikeiern. Das Angebot an Obst und Gemüse ist bescheiden; zum einen, weil die Dorfbewohner großenteils eigene Gärten haben. Zum anderen kommen mehrmals pro Woche mobile Händler durch Berkenbrück. Außer Bananen, ab und zu Paprika und Äpfeln gibt es in „Nette's Lädchen“ nichts Frisches. Fleisch und Wurst bieten Trebs aus dem gleichen Grund nur eingeschweißt und in Konserven an – die Konkurrenz der fahrenden Händler ist übermächtig, und so sparen sie sich die Auseinandersetzung mit Gesundheitsbehörden und Hygienevorschriften. Ab und zu versuchen sie, Besonderes anzubieten – Pralinen oder Spreewaldgurken, etwas in der Richtung. An den Bindungseffekt glaubt Annette Trebs nicht. *Das kaufen die Kunden, und wenn es aus ist, fragt auch keiner mehr danach.*

Berkenbrück hat etwa 1.000 Einwohner; es ist ein Dorf mit langer Geschichte. Slawische Siedler zogen hin und wieder weg, mussten sich deutschen Fürsten unterwerfen und dann polnischen, es war ein Auf und Ab. Heute ist der alte Gebäudebestand um ein Neubaugebiet erweitert: Berkenbrück ist auch Schlafdorf für Pendler nach Berlin und Frankfurt geworden. Es gibt eine örtliche Naturschutzbundgruppe und die freiwillige Feuerwehr, einen Billardverein und die Frauengymnastik. Glaubt man den Trebs, wirkt sich das historische Durcheinander verschiedener Bevölkerungsgruppen bis heute aus. Jedenfalls merkten die Betreiber des neuen Ladens rasch nach der Eröffnung, dass die Berkenbrücker gar nicht so scharf waren auf das Geschäft. Die Vorbetreiberin hatte nicht ohne Grund aufgegeben. Viele guckten, aber kaum einer kaufte.

Wir haben gemerkt, es gibt drei Gruppen im Dorf. Eine Gruppe kommt nicht in den Laden, weil sie fürchtet, die andere hier zu treffen. Die dritte Gruppe kommt gar nicht, weil ich generell ja zu teuer sei. Alles in diesem Dorf, was selbstständig ist, wird niedergemacht. Zum Beispiel der Brunnenbauer, der kriegt keine Aufträge von Leuten aus dem Dorf.

Und da war noch der Bürgermeister, der sich kaum für die Existenzgründer zu interessieren schien. Er stand einmal mit Kollegen vor dem Geschäft, sie sprachen offensichtlich über den Laden und schauten interessiert ins Fenster. Rein kamen sie nicht. Annette Trebs beobachtete die Situation. Selbst ergriff sie nicht die Initiative, sie blieb im Laden. *Er hätte ja reinkommen können.*

Die Betreiber warfen Handzettel mit Angeboten in Briefkästen, sie boten einen Lieferservice an. Die Resonanz war gering. Kaum jemand nutzte den Laden als vollständige Einkaufsmöglichkeit; die meisten besorgten sich lediglich, was sie vergessen hatten. Dabei sahen sie, dass die Preise für Grundnahrungsmittel ein Stück über denen im Discounter lagen – und ließen sich abschrecken. Gerade weil so wenig Berkenbrücker mehr als nur das Nötigste einkauften, konnte das Ehepaar Trebs die Preise nicht senken: Ein Teufelskreis. Es dauerte viereinhalb Jahre und zahlreiche Nach-Kalkulationen, bis das Ehepaar die schwarze Null erreichte. Das gelang auch und vor allem, weil sich das Paar gut mit den Regeln von Arbeitsagentur und Jobcenter auskennt. Es weiß Gesetzesnischen zu nutzen. Überhaupt hat Annette Trebs einen guten Kontakt zu der zuständigen Sachbearbeiterin, seit sie ihr bei einer Diskussion über ihre Bewerbungsbereitschaft einmal einen Rollenwechsel vorgeschlagen hat. Frau Trebs ist gelernte Sekretärin und hat zu DDR-Zeiten in diesem Beruf gearbeitet.

Ich habe der Frau gesagt: Ich mache ihnen mal folgenden Vorschlag. Wir tauschen mal. Wir sind ja ungefähr ein Alter. Sie schlüpfen mal in meine Rolle und bewerben sich. Und dann schauen wir mal, ob Sie genommen werden. Da war erst einmal Ruhe im Saal.

Bisher hält sich der Laden, Annette Trebs hat ihre Rentenansprüche nicht verloren, offizieller Inhaber von „Nette's Lädchen" ist derzeit Herr Trebs und der hat auch schon eine Idee, wie es in Bezug auf Rechtsform und Verwaltungsvorschriften weitergehen kann. „Nette's Lädchen" deckt die laufenden Kosten. Den Betreibern reicht das. „Meine Frau sollte Arbeit haben, dieser Zweck ist erfüllt", sagt Herr Trebs. Außerdem würde es für einige ältere bitter, wenn gar nichts mehr da sei, fügt er hinzu. Er sieht den Laden als Ergänzung, wenn jemand etwas vergessen hat.

Einen richtig festen Kundenstamm gibt es nach wie vor nicht. Ein Mann holt jeden Morgen seine Zeitung, 70 Cent: Mitnahmeeffekte, von denen etwa einige gut aufgestellte bayerische Dorfläden profitieren, sind selten. Mal kommen Gesichter, die Annette Trebs nie zuvor gesehen hat, mal bleiben plötzlich Kunden weg, die monatelang regelmäßig da waren. Im Sommer schauen ab und zu Radfahrer vorbei, das touristische Potenzial ist aber wohl begrenzt. *Die Radfahrer kommen aus Fürstenwalde, waren vorher bei Netto, gefrühstückt haben sie auch schon, da halten die doch nicht hier an.* Im Durchschnitt kaufen 78 Menschen pro Tag im Laden ein. Und wenn es nach Ansicht des Unternehmerpaares im Kapitalismus hart ist und jeder noch viel ersetzbarer wird als vorher – ganz emotionslos steht Annette Trebs ihrem „Lädchen" nicht gegenüber. *Wenn jeder nur meckert, hätte man schon lange zugemacht.* Annette Trebs zögert kurz. *Aber das ist nur ganz vereinzelt. Und notfalls orientiert man sich eben neu.*

Steckbrief Nette's Lädchen
Lage: In der Nähe von Fürstenwalde, Brandenburg
Gründungsjahr: 2007
Öffnungszeiten: Mo-Fr 7-11 und 15-17 Uhr, Sa 7-10 Uhr. Für Sonn- und Feiertage können Backwaren vorbestellt werden

– Neunheilingen –
Hauptsache, es trägt sich

Die junge Generation legt sich für die ältere ins Zeug

Auch in Neunheilingen versucht ein Ehepaar in Eigenregie, die Nahversorgung im Dorf aufrecht zu erhalten. Auch in dem Dorf im Niemandsland zwischen Harz und Hainich kämpfen sie mit einem klassischen Lebensmittelangebot um Kunden und gegen Umsatzprobleme. Auch Neunheilingen liegt in Ostdeutschland. Damit enden die Gemeinsamkeiten zwischen den Seeländers aus Thüringen und Trebsens aus Brandenburg. Wo letztere von der Suche nach Job und Auskommen getrieben wurden, lassen sich erstere vom Idealismus leiten. „Wir haben wohl eine soziale Ader", sagt Sandro Seeländer, und das klingt zwar kitschig, kann aber gar nicht anders sein: Der fast 40-Jährige hat Arbeit – seinen eigenen

Sanitärbetrieb –, er übt bereits ein Ehrenamt aus – als Ortsbürgermeister. Seine Frau Doreen steht in Lohn und Brot in Bad Langensalza, sie arbeitet dort als Augenoptikerin. Das Paar hat zwei kleine Kinder. Trotz des ohnehin vollen Alltagsprogramms zögern die beiden nicht, als 2008 das seit zwei Jahren leer stehende Konsum-Gebäude versteigert wird. Sandro Seeländer erhält den Zuschlag. Die 50.000 Euro für Kauf, Renovierungen und Einrichtung hat er gespart.

„Wir haben halt gesehen, dass die Leute bei uns unmobiler werden", sagt Doreen Seeländer. Die schlanke Frau hat die schwarzen Haare zum Pferdeschwanz gebunden; sie spricht mit leiser Stimme und thüringisch-weichem Klang. „Wir wollten auch ein Stück weit einen Mittelpunkt setzen, ihnen ein Angebot machen." Außerdem hat es sie selbst geärgert, wenn sie wegen jedes Stücks Butter zehn Kilometer in den nächsten Supermarkt fahren musste. In dem unscheinbaren Zweckbau in der Dorfmitte war bis zur Wende der örtliche Konsum eingerichtet. Entsprechend ist er innen aufgeteilt: Funktional, mit einer geräumigen Verkaufsfläche, Hinterzimmern und einem Lager. In den 1990er-Jahren betrieb eine Einzelunternehmerin den Laden – mit den gleichen Schwierigkeiten wie viele klassische Tante-Emma-Geschäfte, dazu kam die besondere Situation nach der Wende: Die Discounterwelle rollte auch über Bad Langensalza in rasanter Geschwindigkeit.

Neunheilingen hat 500 Einwohner, etwa zehn Prozent weniger als Anfang der 90er-Jahre.

Doreen und Sandro Seeländer renovieren weitgehend selbst oder mit Bekannten aus dem Ort. An die deckenhohen Außenfenster stellen sie eine Handvoll Kaffeetische und Stühle, der Kaffee kommt aus einem Vollautomaten, der auf einem Schränkchen am Rand steht. Die Regale kaufen sie der Vorbetreiberin ab. Seeländers schließen einen Vertrag mit dem Lieferanten Gutkauf. Sie wählen ihr Sortiment nach dem eigenen Bedarf aus: Was würden sie brauchen? Was ist eher überflüssig?

2010 eröffnet der Laden. Alle Versuche, ihm einen eigenen Namen zu gehen, scheitern – für die Bevölkerung ist und bleibt er „der Konsum". Die Kunden kommen anfangs aus Neugier und Wohlwollen. Sie reden nur gut über das engagierte junge Paar, sie haben die Renovierungsarbeiten mitverfolgen können, die langen Samstage, die Abende. Zum Einkaufen aber fahren sie nach kurzer Zeit wieder in einen der umliegenden Discounter. Nur die, die nicht mehr fahren können, decken sich komplett im Dorfladen ein.

Für Doreen und Sandro Seeländer beginnt eine zermürbende Rechnerei. Umsatz und laufende Kosten bleiben ein Nullsummenspiel. Babynahrung nehmen sie komplett aus dem Sortiment, sie wird nicht nachgefragt. Dafür räumen sie ein spezielles Waschmittel in die Regale, das bei den Neunheilingern offensichtlich beliebt ist. Weiter runter mit den Preisen können sie nicht, sonst würde es den Einkauf nicht mehr decken. Sie haben eine Vollzeit- und zwei Teilzeitkräfte angestellt.

Lieferant ist eine Tocher von Edeka, Wurst kommt von einem Fleischer aus der Region. Hauptumsatzbringer sind – hier gibt es noch eine Ähnlichkeit mit Berkenbrück – die (Aufback)brötchen. Die Seeländers haben es nach ein, zwei Nachfragen bei regionalen Bäckern aufgegeben, Handwerksware anzubieten. Keiner will in den Laden liefern, wenn, dann müsste das Ehepaar Brot und Brötchen selbst abholen. Auf Resten würden sie sitzen bleiben. Außerdem betreibt ein Bäcker ein Verkaufsstübchen mit begrenzten Öffnungszeiten im Dorf, mehrere mobile Händler halten während der Woche in Neunheilingen. Seeländers haben sich zum Kauf eines Aufbackofens entschlossen. Sie verkaufen zwischen 800 und 1.000 Brötchen täglich.

Bevor Doreen Seeländer morgens in die Arbeit fährt, kommt sie in den „Konsum" und wirft den Backofen an. Sie schiebt die ersten Brötchen ein, dann übernimmt die Verkäuferin. Um halb neun fährt Seeländer weiter zu ihrer zweiten Stelle nach Bad Langensalza. Ist sie dort am Nachmittag fertig, kehrt sie mehrmals pro Woche zurück in den Laden, hilft beim Verkauf, kümmert sich um Sortiment und Buchhaltung. Dann ist sie vor 18 Uhr nicht zu Hause. Bis zum Frühjahr ist Frau Seeländer gar jeden Nachmittag in den Laden gefahren, inzwischen nimmt ihr die Vollzeitverkäuferin einen Teil der Organisation ab. Eine weitere Kraft einzustellen, traut sich das Paar nicht. Es hat Angst, sie nicht dauerhaft entlohnen zu können. „Unser Grundprinzip ist, dass wir immer alles bezahlen können müssen."

Die Preise für Standardartikel mit besonderen, unverwechselbaren Angeboten querzufinanzieren, das wagen Seeländers ebenfalls nicht. Die Menschen in der Gegend seien keine, die sich etwas gönnten. Entscheidend sei, wie viel es koste. „Man geht hier nicht essen oder so, man kocht zu Hause", beschreibt es Doreen Seeländer. Die 37-Jährige sagt es nicht bedauernd, sondern nüchtern, als Tatsache. Es ist hier eben so, sie lastet es den Menschen im Ort auch nicht an. Man hat seinen Garten, man versorgt sich zum Teil selbst, das war schon immer so. Seeländers sind in Vereinen aktiv und er eben als Bürgermeister – ihnen geht es darum, den Bewohnern mit dem Konsum einen Lebensgewinn zu liefern. Sie wollen sie nicht vorführen; Kritik am Einkaufsverhalten ihrer Mitbürger äußern sie höchstens freundlich verpackt. „Das Beste wäre, wenn unsere Kundschaft sagen würde, wir sind bereit, das Angebot vor Ort zu bezahlen. Wir können nur versuchen zu sagen: ihr könnt auch bei uns einkaufen."

Manchmal experimentieren sie mit neuen Produkten. Eine Frau aus dem Dorf liefert selbst gebackene Plätzchen, hin und wieder gibt es eine neue Marmeladensorte, und Wein vom Winzer. Fleisch- und Gurkensalat bereiten sie selbst zu. Die Blumen in der Auslage stammen von einer Floristin aus dem Dorf; die hat im Gegenzug versprochen, in ihrem Geschäft für den Dorfladen zu werben. „Wichtig ist uns, dass wir zu den Unternehmern, die es hier noch gibt, keine Konkurrenz aufbauen. Das soll schon ein Miteinander sein", erklärt es Sandro Seeländer. Ähnlich funktioniert es mit dem Schuhreparaturservice, den sie seit kurzem anbieten: Kunden geben ihre Schuhe im Konsum ab, der Schuhmacher holt sie und bringt sie repariert zurück.

Der Cafébereich wird am besten von Handwerkern angenommen, die in ihrer Pause Kaffee trinken und belegte Brötchen essen. Es sitzt sich nett in den Schaufenstern, man kann hinausschauen und auf die Straße blicken oder den Kunden beim Einkaufen zuschauen, es ist hell, freundlich gestaltet und sauber. Doch auch hier stößt der Laden auf die Macht der Gewohnheit: Neunheilingen ist ein landwirtschaftlich geprägtes Dorf. Wenn, dann geht es abends in eine der zwei Gaststätten, tagsüber ist immer gearbeitet worden. Wer nichts zu tun hatte, hat es zumindest nicht gezeigt: Man sitzt nicht im Café. „Die Leute holen sich ihre zwei Brötchen und nehmen sie sich mit nach Hause. Das hat sich immer noch nicht gelegt, immer noch nicht so, dass sich Leute hinsetzen und sich unterhalten. Obwohl es schon 22 Jahre nach der Wende ist.“ Doreen Seeländer zuckt mit den Schultern. „Jemand müsste einen Anfang machen.“ Wie sie die- oder denjenigen finden soll, weiß sie nicht.

Langfristig geht es ihr darum, dass sich der Laden trägt. Das klappe derzeit ganz gut, äußert sie sich im Sommer, es klingt optimistischer als noch beim Besuch im Februar. Den großen Reibach wolle und müsse sie nicht machen. Die Arbeitskräfte müssten bezahlt werden können, sie selbst wolle Familie, Arbeit und sich selbst in Einklang bringen. „Wir haben uns schon oft gedacht, hoffentlich kommt der Laden nicht zu früh. Der Mensch muss ja umdenken, und in zehn Jahren sind die Menschen hier nochmal älter und wenn sie dann wissen, ich habe alles im Ort, wissen sie das vielleicht auch zu schätzen.“

Steckbrief Neunheilingen
Lage: In der Nähe von Bad Langensalza
Gründungsjahr: 2007
Größe: 82 Quadratmeter
Öffnungszeiten: Mo-Fr 8-13 und 14.30-17.30 Uhr, Sa 7-11 Uhr
Zusatzangebote: Café, Schuhmacher

– Bernau –
Ein Idealist auf der Suche nach Gleichgesinnten*

Ein junger Landwirt will bei Großstädtern ein neues Bewusstsein für Lebensmittel wecken

Wurst muss nicht immer bio sein, findet Hans-Christoph Peters. „Wichtig ist, dass man weiß, wo sie herkommt." Deswegen gibt es im „Höfeladen" des jungen Landwirts eine kleine Geschichte zu jedem Produkt, ein Bild oder einen handgeschriebenen Hinweis auf weißem Karton, woher die Ware stammt. Peters' Vision ist es, dass der Weg vom Erzeuger zum Kunden kurz ist, nachvollziehbar bleibt und glaubwürdig. Weil es vom Großstädter allerdings viel verlangt ist, für den täglichen Bedarf die Bauernhöfe im Umland abzuklappern, holt der 29-Jährige die Hofwaren an den Stadtrand – so die Idee, mit der sich Peters vor einem halben Jahr selbstständig gemacht hat. Im „Höfeladen" in der Bernauer Innenstadt gibt es nur Lebensmittel aus Brandenburg.

Die Auslagen in den großen Fensterscheiben hat Peters liebevoll mit Kürbissen und Honiggläsern dekoriert. Vor dem Eingang preist ein Aufsteller die aktuellen Angebote an: geräucherte Gänsebrust von Bauer Peters, Highlandfleisch vom Melchhof. Das Geschäft liegt fußläufig zum Bahnhof, auf halbem Weg zum historischen Stadtkern.

Peters hat für den Laden seine Ersparnisse zusammengekratzt und einen Kredit der KfW-Bank bekommen, seine Mutter hat ihr Mögliches beigesteuert. Er beschäftigt zwei Teilzeit-Angestellte und drei Praktikanten, der Laden hat von Montag bis Samstag geöffnet. Alles ist knapp kalkuliert, aber Peters lebt für die Idee. „Wir kommen inzwischen auf eine schwarze Null", sagt er. Ein Nullsummenspiel wird auf Dauer jedoch

* Der Text erschien in ähnlicher Form in der *tageszeitung*, Ausgabe vom 13.02.2012.

nicht reichen. Da ist die dreijährige Tochter, die versorgt werden will. Und da ist der eigene Bauernhof, den Peters erst vor kurzem gekauft hat.

Trotzdem, Peters hat seine Prinzipien. Rein nach Berlin etwa, wo die zahlungskräftige Klientel sitzt, das wäre für ihn nicht in Frage gekommen. „Ich bin kein Großstadttyp", sagt der schlanke Mann mit den blonden Wuschelhaaren. Bernau scheint ihm ein guter Kompromiss. Der eigene Hof liegt am Ortsrand, die Produzenten sind nah.

Nur: Die Innenstadt Bernaus ist schon wochentags nur spärlich belebt. Am Samstag ist ab Mittag gar nichts mehr los. Selten verirrt sich jemand in das mit hellem Holz verkleidete Geschäft. Berliner fahren durch Bernau lediglich durch, auf dem Wochenendausflug an die Ostsee oder in die Uckermark.

Ganz in der Nähe liegt ein Einkaufszentrum mit Edeka und großem Parkplatz, dort gehen die Bernauer „shoppen". „Mein Mann hat gestern schon im Supermarkt eingekauft", sagt etwa Sieglinde Krauss entschuldigend. Die Rentnerin hat sich gerade im Höfeladen umgeguckt, die Senfsorten im Regal angeschaut und die Marmeladen mit handgeschriebenen Etiketten. Mitgenommen hat sie nichts. „Vielleicht kaufe ich einmal etwas – als Ergänzung", sagt sie nach kurzem Überlegen.

Peters bietet ein Vollsortiment: Wurst, Käse, Aufstriche, Brot, Milchprodukte in zwei Kühltheken, Obst, Gemüse, Hirse, Essig und Senf. Man könnte auch erst einmal hier einkaufen – und dann im herkömmlichen Supermarkt ergänzen, was fehlt. Weil Zwischenhändler fehlen und an Obst und Gemüse nur angeboten wird, was die Saison hergibt, sind die Waren nicht wesentlich teurer als anderswo: Erdbeeren und Tomaten im Januar sucht man hier vergeblich.

Barsch, Forelle und Makrele kommen vom Seenfischer Bartel in Prenden, dem letzten Berufsfischer in der Region. Am „Hof der kleinen Tiere" in Wandlitz werden Sattelschweine aufgezogen, geschlachtet und zu Wurst verarbeitet – garantiert ohne Zusatzstoffe. Wer sich überzeugen will, kann vorbeifahren und zuschauen. 100 Gramm dieser Salami kosten im Höfeladen 2,90 Euro, die geräucherten Maränen aus dem Liepnitzsee 1,90 Euro pro 100 Gramm. Peters hat Landwirtschaft studiert, er kann genau erklären, wie ein Preis zustande kommt.

Zum Auftakt lief es gut, der Bürgermeister kam zur Eröffnung, die Kunden waren durch eine Ankündigung im Lokalanzeiger neugierig geworden. Seitdem haben die Umsatzzahlen abgenommen. Peters sucht noch nach dem Weg, seinen Idealismus mit einem tragfähigen Geschäftsmodell zu verbinden. Er fährt nicht gern in die Stadt, er ist kein Marketingstratege – aber er weiß inzwischen auch, dass er mehr Menschen überhaupt auf den Laden aufmerksam machen muss. Im Sommer will er Touren zu den Höfen anbieten.

Kinder sind ihm ein Anliegen: In einem der Schaufenster steht ein überdimensionales Terrarium, in dem Peters mit Freunden nachbaut, was in der jeweiligen Jahreszeit auf den Äckern passiert. Dutzende Mini-Zuckerrüben haben sie an einem Abend geknetet und auf ein modelliertes Feld gesetzt. Ein Plastik-Trecker zieht davor Furchen.

Peters hat Schulen in Bernau und Umgebung in den Höfeladen eingeladen, um anhand des Modells über Landwirtschaft und Lebensmittel zu sprechen. Die Kinder sollten lernen, wo das herkommt, was auf ihren Tellern landet. Die meisten haben abgewinkt. Keine Zeit, zu viele andere Projekte. Eine einzige interessierte Klassenlehrerin hat Peters gefunden, sie ist mit ihren SchülerInnen aus Prenzlau unlängst vorbeigekommen. Beim nächsten Mal soll es um die Mutterkuhhaltung gehen, spätestens dann wird eine neue Landschaft geknetet.

Steckbrief Der Höfeladen
Lage: Bernau bei Berlin
Gründungsjahr: 2011
Öffnungszeiten: Mo-Fr 9-19 Uhr, Sa 9-16 Uhr
Zusatzangebote: Café
Internet: www.der-hoefeladen.de

– Altreetz –
Versuch einer Nahversorgung

Angebot ist nicht gleich Nachfrage

Er hat es versucht. Christian Filter hat die Hälfte seines „Landwarenhauses“ freigeräumt, Regale hineingestellt und mit Tütensuppen, Mehl und Konservendosen bestückt. Er hat die Preise so niedrig gehalten, wie es ging, ohne Verluste zu schreiben. Hat Wünsche einzelner Kunden berücksichtigt. Filter, der seit 15 Jahren im Oderbruch lebt, wollte seiner Wahlheimat etwas zurückgeben: Eine Nahversorgung.

In Altreetz, einem Dorf in der Gemeinde Oderaue, gab es nur noch einen Getränkemarkt und einen Fleischer, seit 2010 das Lebensmittelgeschäft im ehemaligen Konsum zugemacht hatte. Zum Einkaufen fuhren die Bewohner ins acht Kilometer entfernte Wriezen am Rande des Oderbruchs, ins doppelt so weit weg liegende Bad Freienwalde oder gleich nach Polen. Auch die rollenden Bäcker und Fleischer hatten ein Notsortiment im Lieferwagen. Man nahm, was es gab. „Die Leute jammern viel, aber dann sind sie doch zu bequem um etwas zu ändern“, sagte eine Verkäuferin, die seit mehr als zehn Jahren mit ihrem Bäckerwagen über die Dörfer zwischen Eberswalde und Frankfurt/Oder fährt.

Als Filter 2011 sein Landwarenhaus mit Nahversorger-Abteilung eröffnete, kamen die Einheimischen trotzdem nicht. Der 40 Jahre alte gebürtige Berliner hatte das Konsum-Gebäude von der Gemeinde gekauft. Er richtete eine Mosterei und Brennerei ein, verband es mit einem Spezialitätengeschäft samt Bistro und einem Angebot herkömmlicher Lebensmittel. Er investierte 200.000 Euro Eigenkapital beziehungsweise Darlehen, zusätzlich erhielt er 100.000 Euro an Fördermitteln aus dem Leader-Programm sowie von der Industrie- und Handelskammer.

Filter ist ein präsenter, kräftiger Mann, mit Ohrring, Jeans und kariertem Hemd. Einst spülte ihn die Sehnsucht nach Ruhe und Weite in das 1.000-Einwohner-Dorf am äußersten Rand Deutschlands. Der Architekt kaufte einen Vierseithof mit Obstbäumen, den er zunächst im Nebenerwerb bewirtschaftete: Er gründete eine Mosterei, die er mit Äpfeln von eigenen Streuobstwiesen fütterte, zudem ließ Filter Schafe auf den Wiesen weiden. Er verarbeitete ihre Wolle und ihr Fleisch und schuf sich damit ein zusätzliches Standbein. Der Kauf des Konsum-Gebäudes gab ihm den letzten Schub, sich permanent in Altreetz niederzulassen. Seine Frau arbeitete ohnehin bereits im Ort, sie ist Ärztin. Beide fühlen sich der Berliner Bio- und Genussbewegung verbunden und stehen mit dem Genießer-Verein Slowfood in Kontakt. Sie teilen die Hingabe für qualitativ hochwertige Lebensmittel, Kochen und gutes Essen.

Nun ist Slowfood in Altreetz nicht gerade eine Massenbewegung. Das Oderbruch ist ein abgelegener Landstrich. In der Ferne heben sich Hügel zur Uckermark hin an, um den Fluss dominiert die große Weite. Mehrmals pro Jahr ist die Gegend überschwemmt, wenn das Wasser besonders hoch steigt, kommen die Berliner zum Gucken. Friedrich II. ließ die fast 1.000 Quadratkilometer einst trockenlegen und urbar machen, das Oderbruch gilt bis heute als Garten Berlins. Der Kaiser holte Siedler aus ganz Deutschland in die Gegend, und so wie sie damals zusammengewürfelt wurden, sind sie bis heute Einzelkämpfer geblieben – hinter touristischen Attraktionen wie dem Oderbruchzoo stehen fast immer Alleinunternehmer. Man schlägt sich durch und verbirgt Erfolg im Zweifelsfall lieber – denn die Neider sind nicht weit, Ideen werden misstrauisch beäugt.

Diese Erfahrung machte Filter bereits mit der Mosterei: Es dauerte drei Jahre, bis die ersten Einheimischen ihre Äpfel zu Filter brachten. Lieber fuhren sie ins mehr als 40 Kilometer entfernte Angermünde und ließen ihr Obst dort in einer seit langem ansässigen Mosterei pressen. Die Brennerei, die der Wahl-Altreetzer 2009 zusätzlich gründete, lief vor Ort ähnlich schleppend an. Filter verließ sich auf sein eigenes Obst und den Absatzmarkt Berlin. Damit hangelte er sich wirtschaftlich so durch.

Die umliegenden Dörfer einbezogen, leben gut 1.700 Menschen in der Gemeinde Oderaue – eigentlich genug für einen schmalen Vollsortimenter. Schon beim Renovieren und Sanieren des „Landwarenhauses“ indes wurde die Zurückhaltung der Altreetzer deutlich. Gerade einmal eine Handvoll Ehrenamtlicher aus dem Dorf half mit. Die meiste Freiwilligenarbeit leisteten Freunde der Filters, die am Wochenende aus Berlin angereist kamen. Der Bürgermeister oder andere Gemeindevertreter hätten sich weder vor noch nach der Eröffnung sehen lassen, sagt Filter. „Da ist auch keiner vorne dran gegangen.“

Das 1955 errichtete Haus steht am Dorfplatz und unter Denkmalschutz. Seine symmetrische Schlichtheit war zu DDR-Zeiten von einem nachträglich gelegten Eingang an der Seite verzerrt worden, die Fenster waren vergittert, die Fassade grau. Nun erinnert nichts mehr daran: Filter verlegte den Eingang zurück in die Mitte, drei flache Treppenstufen führen darauf zu. Auf dem breiten Absatz vor dem Laden stehen Tische und Stühle. Drinnen wirkt es wie eine Mischung aus Kolonialwarenladen, Bistro und Bioladen: Kunden gehen direkt auf eine ausladende Theke zu, in der Käsesorten, Kuchen und Wurst liegen. Von der Decke hängen Salami-Ringe, an der Wand eine Tafel, auf der mit Kreide die Kaffeepreise angeschrieben sind. Linkerhand ist das Bistro eingerichtet, mehrere helle Holztische mit Stühlen. Hier finden bis zu 30 Menschen Platz, draußen sind es noch einmal so viele. An der Rückwand hat Filter ein Regal mit Krimis und anderer Literatur bestückt – es ist eine privat betriebene Leihbücherei, man kann sich ein Buch nehmen und nach dem Lesen zurückbringen. In anderen Holzregalen stehen Wein, besondere Marmeladen und andere Fruchtaufstriche. Rechts war bis zum vergangenen Winter 2011/2012 die Abteilung mit herkömmlichen Lebensmitteln.

„Es wurde einfach nicht nachgefragt, obwohl wir nicht viel teurer als der Supermarkt waren“, verteidigt Filter seine Entscheidung zu Ungunsten des Sortiments. Er gab auf, verlagerte einen Teil der Schnapsproduktion ins Haus und schuf damit eine Art Schaubrennerei. „Die Nahversorger-Ecke hat bisher niemand vermisst." Nun stehen rechterhand große Kessel und Messingrohre mit Abfüllhähnen. Ein Sofa wendet sich zu dem überdimensionalen Versuchsaufbau, so dass Besucher beim Brennen zusehen können. Man fühlt sich spontan wohl im Landwarenhaus, es strahlt eine Art skandinavischer Gemütlichkeit aus mit seinem Wechsel aus Holz und weißer Farbe, dazu helle Freundlichkeit. Es ist ein Refugium in der ansonsten harsch anmutenden, verödeten Gegend.

Filter profitiert von Radtouristen und anderen Wochenend-Ausflüglern. Altreetz liegt am Oder-Radweg. Diese Gäste sind es vor allem, die die hochwertigen Lebensmittel kaufen – Neurüdnitzer Salami für 4,49 Euro pro Hundert Gramm sowie Leberwurst im Glas für sechs Euro, das leisten sich ansonsten höchstens zugezogene junge Familien mit Bio-Faible. Nicht aber die ältere und angestammte Bevölkerung, auf die Nahversorgungsangebote im ländlichen Raum in der Regel abzielen. Sie fragt normalerweise auch selten nach Käse für drei Euro pro Hundert Gramm oder nach handgemachten Ravioli aus der Nudelmanufaktur; statt dem Bio-Brot, das einmal in der Woche aus Berlin kommt und entsprechende Preise hat, warten sie lieber auf den Verkaufswagen des Bäckers aus der Nachbarstadt Wriezen. Marmelade kochen die meisten selbst, an fast jedes Haus schließt ein Gemüsegarten an.

Beim traditionellen Viehmarkt am Pfingstsamstag mischen sich die Bevölkerungsgruppen. Filter veranstaltet mehrerer solcher Dorffeste im Jahr, er bezieht den Laden ein, baut eine Bühne auf, es gibt Musik, Wurst und Bier. Berliner nutzen den Markt als Anlass für einen Landausflug, und die Einheimischen kommen zum Schauen. Der ortsansässige Gemüsebauer verkauft seine Waren, auf einem Tisch liegen Faltblätter über den Oder-Tourismus aus, für Kinder dreht sich ein Karussell mit einem halben Dutzend Sitzen. Der Nachwuchs darf auch Schafe und Hasen streicheln. Neben einer Bierzapfanlage stehen Bänke und Tische; Wurst und Gulasch aus der Kanone haben zivile Preise, eine Band spielt.

Richtig warm werden sie trotz der gelassenen Atmosphäre und des milden Frühsommerwetters nicht miteinander, die schick gekleideten jungen Familien, die Radfahrer in ihren Outdoor-Klamotten und die Dorfbewohner. Ein Mann zieht halblaut in Zweifel, ob die Tomaten des Landwirts tatsächlich aus dem Oderbruch stammen. Der Verkäufer hört das und beginnt, sich lauthals aufzuregen. Die Frau des Zweiflers entschuldigt sich mehrfach für ihren Mann und knufft ihn in die Seite, zieht ihn schließlich weg. Der Beschuldigte grinst und wiederholt seine Behauptung. Die Tomaten kämen tatsächlich aus der Gärtnerei ein paar Hundert Meter weiter, beteuert der Mann noch. Aber Tomaten im Mai? Tja, sagt der Bauer. Freilandtomaten baue keiner mehr an, das lohne den Aufwand nicht. „Kommt alles nur noch aus dem Gewächshaus."

An einem Tisch sitzt ein Paar aus dem Ort und meckert, dass das Fest viel größer angekündigt sei als tatsächlich geworden. Drinnen dreht das Lokalfernsehen ein Stück über die Schaubrennerei und die Berliner stehen um Eis an.

Filter ist mit seinem Büro in das Haus gezogen. Seine Frau hilft mit, wann immer ihr Job als Ärztin ihr Zeit lässt. Das Ehepaar beschäftigt eine Köchin in Vollzeit, dazu vier Verkäuferinnen in Teilzeit. Kern des Landwarenhaus-Konzepts ist das Speisenangebot. Neben Kaffee und Kuchen wird mittags ein warmes Essen gekocht. Für fünf bis sechs Euro gibt es einfache Gerichte – Linseneintopf, Dicke-Bohnen-Ragout oder Blutwurst im Kartoffelmantel. Filter sagt, das ziehe während der Woche die Einheimischen an. Am Wochenende profitiert er von Radtouristen und Ausflüglern. Filter hofft, mit dem Schwerpunkt auf Gastronomie und der Brennerei künftig Gewinne schreiben zu können. Die Idee, mittelfristig so viel zu verdienen, dass er damit ein neues Sortiment mit herkömmlichen Waren querfinanzieren könnte, hat er aufgegeben. Es würde ihm wohl keiner danken, glaubt er und bilanziert: „Wenn man erfolgreich ist, gibt es Neider, wenn es schief geht, haben es ohnehin schon alle gewusst. Und hinterher jammern sie wieder, dass es nichts mehr gibt im Ort.“

Steckbrief Altreetz
Lage: In der Nähe von Wriezen
Gründungsjahr: 2011
Öffnungszeiten: Di-Sa 8-18 Uhr, So 10-18 Uhr
Zusatzangebote: Bistro, Schaubrennerei
Internet: www.hofmanufaktur-filter.de

Fazit

- Historisch gesehen standen hinter fast jedem Tante-Emma-Laden Einzelkämpfer: Die Krämergeschäfte waren Familienunternehmen oder in der Hand einzelner Kaufleute. Viele von ihnen gaben im Lauf der Zeit auf, Familien fanden keine Nachfolger (**nicht zuletzt wurden so Wege frei für bürgerschaftliches Engagement und neue Betriebsformen**). Es sind Probleme, mit denen Handwerksbetriebe auf dem Land bis heute umgehen müssen.

- Warum wagten nun neue Gründer den Schritt in die Selbstständigkeit als Kaufleute? Mir sind diese „Töchter von Tante Emma“ vor allem im Osten Deutschlands begegnet – oft als Phänomen, das auf der Mikroebene der Wirtschaft ansetzte, bei den Selbstversorgern. Ich nannte das Phänomen „die Durchwurstler“.

  Da war zum Beispiel die Frau mit ihrem Bauerngarten in einem Dorf im Berliner Süden. Nach der Wende hatte sie ihre Stelle verloren, nun verkaufte sie Blumen und Gemüse ab Hof. Pendler fuhren selten durch das staubige Straßendorf, Ausflügler kamen nur am Wochenende und ihre Nachbarn hatten selbst Gärten hinter dem Haus. Der Verkauf reichte nicht zum Leben. Zufällig kam die Frau mit dem Gastronom aus dem Nachbardorf ins Gespräch, der sich mit gehobener regionaler Küche einen Namen in Berlin und im Speckgürtel der Stadt gemacht hatte. Das Restaurant war beliebt als Ort für Hochzeiten und andere Familienfeste, es gab ein paar Übernachtungszimmer. Wer heiratet, braucht Blumen, dachte sich die Frau, entwarf ein Flugblatt und legte es im nahe gelegenen Gasthaus aus: Hochzeitsdeko mit Blumen aus der Region. Zwei Jahre später erzielte sie mit Gestecken aus dem eigenen Garten ein Auskommen, das ihr den Gang zum Arbeitsamt ersparte.

  Da war die Frau auf einem Hof in Brandenburg, die mit ihrem Mann neben zwei Vollzeitjobs Spargel anbaute. Ihr Absatzkonzept: Der Mann nahm morgens einen Zentner Spargel mit in die Arbeit und verkaufte ihn dort vor dem Eingangstor. Werbung hatte das Paar nie gemacht. Solche individuellen Lösungen gibt es zuhauf. Die Menschen haben Ideen und trauen sich, diese zu verwirklichen. Nicht alle funktionieren auf Dauer. Aber viele wursteln sich erstaunlich lange durch. Vermutlich haben die Erfahrungen der Wendezeit und den Jahren danach diese Lebenseinstellung begünstigt. In einer Zeit, in der alles um einen herum sich änderte, verließen sich die Menschen auf sich selbst – wissend, dass Hilfe von außen meist nicht zu erwarten war. Außerdem war es schlicht notwendig, sich ein Auskommen zu suchen, wenn es nicht beim Arbeitslosengeld bleiben sollte: Nach der Wende haben sehr viele Menschen im Osten ihre Arbeit verloren. Wer nicht abwandern wollte oder konnte, musste sich etwas an seinem Heimatort überlegen.

Diese Haltung ließ sich auch bei Dorfladen-Betreibern beobachten. Das Ehepaar Trebs in Berkenbrück weiß genau, wie es sich durchschlägt. Es ist erfahren im Sichern von Fördermitteln, es kennt die Tücken und Schlupflöcher arbeitsrechtlicher Regelungen und nutzt Nischen. Und es ist selbstbewusst genug, seinen Weg zu verteidigen – sich nicht in die Arbeitslosigkeit zu ergeben, sein Leben zu gestalten, das macht stolz. Die Kehrseite dieser Medaille ist ein Misstrauen gegenüber dem Umfeld, von dem keine Hilfe kam und keine mehr zu erwarten ist. Einige Kaufleute schienen mir geradezu beratungsresistent, ihr Vertrauen in sich selbst hatte sie zu der Annahme gebracht, dass sie selbst es nun einmal am besten wissen.

- Unterstützt wird dieses Misstrauen durch eine Wesensart, die sich ebenfalls nicht verhehlen lässt: Der Neid. In manchen Dörfern begegnen Bewohner Gründern und mutigen Menschen mit unverhohlenem Misstrauen und Vorurteilen – noch dazu, wenn die Initiative Gewinn abwirft. Im Zweifelsfall gehen sie lieber anderswo einkaufen. Oder sie fahren ihre Äpfel in eine Mosterei, die dutzende Kilometer entfernt liegt – anstatt sie zum jungen, zugezogenen Unternehmer und seiner Mosterei im Dorf zu bringen, wie es in Altreetz anfangs der Fall war.

Neid ist ein gesamtgesellschaftliches Phänomen. So wurde mir etwa auch die Geschichte eines oberbayerischen Landwirts zugetragen, der auf seinem Hof ein Café und einen Laden eröffnet hat. Das Café läuft prima, es lebt von zahlreichen Fahrrad- und Wandertouristen aus München. Der Laden steht vor der Schließung; die Dorfbewohner kaufen dort nicht ein. Es heißt, aus Prinzip – weil sie dem Landwirt den wirtschaftlichen Erfolg nicht gönnen.

Es lässt sich zugleich nicht abstreiten, dass Eigentum und somit Eigeninitiative in der DDR unerwünscht waren – und diese Grundhaltung noch durchscheint. Was übers Durchwursteln hinaus geht, was Gewinn abwirft, wird mindestens aufmerksam beobachtet.

Sicherlich spielen auch Vorbilder eine wichtige Rolle: In Dörfern und Umgebungen, die mittelständisch und von kleinen Familienunternehmen geprägt sind, gelten Betriebsgründungen als „normaler" als in Landstrichen, in denen seit Jahren nicht mehr viel passiert.

- Eine zweite Sorte Gründer sind die Idealisten. Menschen wie der junge Landwirt Hans-Christoph Peters in Bernau, der die Vision hegt einer fairen, artgerechten, nachhaltigen Landwirtschaft und einer direkten Vermarktung ihrer Produkte. Ein ähnlicher Mensch ist mir in Schliersee begegnet; er hatte den Vorsatz, die oberbayerischen Dorfbewohner für Reformwaren zu begeistern. Bei diesen Idealisten scheint mir aus dem Blick zu geraten, dass ein Laden wirtschaftlich laufen muss, wenn er diese Vision langfristig verwirklichen soll. Manchmal hätte eine Basisanalyse gut getan, manchmal wäre ein Kompromiss bei Standortwahl, Angebotsform oder Marketing der guten Sache eher zudenn abträglich gewesen. Zu lernen, dass andere weniger überzeugt sind von der Idee, ist ein schmerzhafter Prozess. Auch Christian Filter in Altreetz hat in den ersten Jahren seiner Apfelpresserei sicherlich erkennen müssen, dass sich die Dorfbewohner gar nicht so wahnsinnig freuten über sein Engagement. Er war immerhin so klug, sein Geld weiterhin mit anderen Tätigkeiten zu verdienen und hat nach und nach das Geschäftsfeld Moster- und Brennerei ausgebaut.
- Gerade bei den Idealisten bin ich gespannt, ob und welche Initiativen sich auf Dauer tragen. Vielleicht zahlt sich Überzeugung aus – viele Firmengründer krebsen jahrelang herum, bis ihre Idee auch finanzielle Früchte trägt oder die Zeiten sich ändern. Ich erinnere mich etwa an ein Gespräch mit den Chefs einer Tiefkühlfirma für Bioprodukte in Berlin. Als sie sich biologisch hergestellter Tiefkühlware widmeten, war die Öko-Bewegung noch tief in der Nische der Birkenstock-Latscher versteckt. Lange Jahre trug sich das Geschäft eben so – bis die Ökowelle einsetzte. Nun sind die Chefs Marktführer und beliefern Biomärkte und -supermärkte bundesweit.

Auch wenn Initiativen untergehen: An anderer Stelle entstehen neue. Es sind keine Massenbewegungen, aber kleine, feine Nadelstiche.

III.

Der Staat, Gemeinden oder Vereine als Initiatoren – oder alle zusammen

– Datterode –
„Für einen Ort dieser Größe ist das Wahnsinn“

Nahversorgung als Gemeinschaftsaufgabe

Samstagmorgen im „marktwert“ in Datterode. An drei Kassen stehen Kunden mit gefüllten Einkaufswagen an. Die Verkäuferinnen ziehen zügig die Artikel über den Scanner, lächeln geschäftsmäßig und wünschen „einen schönen Tag noch“, wie man es heutzutage so macht. Beim Backshop reiht sich ebenfalls eine Schlange, im Minutentakt wandern Brötchen, Brot und Gebäck über die Theke. Ein Kind kreischt, während der Vater Geld aus dem Automaten im Eingangsbereich zieht. Mittendrin im Trubel steht Matthäus Mihm und freut sich. Dass auf die gut 500 Quadratmeter des ehemaligen Autohauses im osthessischen Hügelland wieder Leben eingezogen ist, ist zum großen Teil Mihms Verdienst. Er arbeitet beim Integrationsverein Aufwind, der den Markt mittels einer Tochterfirma konzipiert hat und betreibt. Es handelt sich dabei eher um einen Supermarkt denn um eine moderne Form von Tante Emma: Allein die Obst- und Gemüseabteilung ist größer als mancher Dorfladen. Mehr als 8.000 Artikel stehen in den Regalen. „Für einen Ort mit 900 Einwohnern ist dieses Gebäude wahnsinnig“, sagt Mihm. Dabei grinst der schlanke 57-Jährige mit den kurzen, dichten grauen Haaren.

Bis in die 90er-Jahre hinein wurde der Flachbau im Kreis Werra-Meißner von einem Autokonzern als Ausstellungs- und Verkaufshaus genutzt. Nach der Wende fiel die Zonenrandförderung weg, das produzierende Gewerbe wanderte ab, die Menschen auch, keiner wollte mehr Autos kaufen. Das Gebäude stand bald leer. Bis vor zwei Jahren der Supermarkt eröffnete. Und ein Bäcker mit seinem Café, ein Getränkemarkt, die zwei regionalen Banken mit Beratungsbüros, der Rezeptkasten von der Apotheke, ein Raum zum Blutdruckmessen, eine Physiotherapiepraxis und ein Mehrzweckraum gleich mit einzogen: Aus dem Gewerbebau ist ein Rundumversorgungszentrum geworden.

Gelingen konnte das, weil sich einige Menschen an verschiedenen Stellen zur gleichen Zeit ähnliche Gedanken machten. Weil wiederum einige von ihnen wussten, wie man Themen mit Förderprogrammen verbindet und so Geld für die Gegend locker machen kann. Weil diese Menschen gut zusammenarbeiteten und die übrigen mit ihrer Begeisterung ansteckten: Verwaltung, Regional- und Lokalpolitiker, Vereine und Bürger zogen an einem Strang.

Bei Matthäus Mihm klingelte eines Tages das Telefon. Der Bürgermeister der Gemeinde Ringgau, in der Datterode liegt, war am Apparat. Er sprach von der fehlenden Nahversorgung im Dorf (der letzte Supermarkt hatte etwa fünf Jahre zuvor zugemacht), von den älteren Menschen, die vereinsamten und auf fremde Hilfe angewiesen seien. Der Sozialpädagoge Mihm versuchte für den Verein Aufwind seit 20 Jahren, Menschen mit Behinderung ein geregeltes Arbeitsleben zu ermöglichen. Der Bürgermeister und er wurden sich schnell einig: Eine neue Einkaufsmöglichkeit in Datterode wäre eine hervorragende Kombination von Behindertenhilfe und Nahversorgung. Sie dachten zunächst an das seit einigen Jahren leer stehende Ladengeschäft im Zentrum. Nach einer ersten Bürgerversammlung und einer Kostenschätzung von Architekten war jedoch klar: Der Umbau würde zu teuer. „Wir haben die Idee begraben, dachten, das wird grundsätzlich nichts in Datterode“, erinnert sich Mihm. Monatelang herrschte Stillstand. Dann meldete sich der Bürgermeister erneut: Das Autohaus am Ortsausgang stand zum Verkauf. Es sei etwas groß für einen klassischen Dorfladen, aber ansonsten ganz gut geeignet. Aufwind erwarb die Flächen und vermietete sie an eine eigens gegründete Tochter, die stellenwert GmbH.

Etwa zur selben Zeit saß Landrat Stefan G. Reuß in seinem Büro und dachte über Projekte in seinem Kreis nach, die Vorbildfunktion haben. Der Werra-Meißner-Kreis ist seit Jahren im Hintertreffen, Abwanderung und Arbeitslosigkeit prägen die ländliche Gegend. Der Kreis war prädestiniert für Förderprogramme, mit deren Hilfe nach Zukunftsstrategien für ländliche Gegenden gesucht werden sollte – und die Bundesregierung hatte mit „Region schafft Zukunft“ ein scheinbar perfekt passendes Vorhaben ausgeschrieben. Nahversorgung als Thema, das wäre es, dachte sich der Landrat. Die Problematik schwelte seit längerem, ohne wirklich hochzukochen. Werra-Meißner könnte zum Modell für Regionen mit ähnlichen Problemlagen werden. Nurmehr zehn Prozent der Bevölkerung konnten hier in fünf Minuten zu Fuß einen Nahversorger erreichen. Etwa

40 Prozent mussten schon mehr als 20 Minuten laufen, um ein Lebensmittelgeschäft zu erreichen, das hatte Reuß ausrechnen lassen. Und der Landrat wusste, dass die Zahl älterer, weniger mobiler Menschen in den nächsten Jahren ansteigen würde.

Auch im Verein für Regionalentwicklung fand der Schwerpunkt Anklang. In dem Gremium sitzen Vertreter aus Politik, Wirtschaft und Verwaltung, sie wissen wie man Geld akquiriert, wie man den Förderdschungel durchwandert und auch, wie man sich und seine Themen vermarktet. In den Monaten darauf organisierten Landkreis und Verein mehrere öffentliche Veranstaltungen zur Nahversorgung. „Nah" wurde definiert: Im Werra-Meißner-Kreis sollten es 15 Minuten zu Fuß oder eine Entfernung von einem Kilometer sein. Sie bemühten sich um Sachlichkeit: „Niemand hungert, weil der nächste Laden zu weit weg ist", schrieben sie in einer Broschüre. „Lemkes rollender Supermarkt" fährt durch den Kreis, Bäcker und Metzger ergänzen ihn mit Verkaufswagen, es gibt unzählige hilfsbereite, motorisierte Nachbarn. Neue Ideen zur Nahversorgung sollten ein Mehrwert werden – und kein Zwischenboden vor dem totalen Absturz.

Matthäus Mihm und seine Mitarbeiter banden zugleich die Bürger vor Ort ein. Sie sammelten auf Veranstaltungen Wünsche und Ideen, eine Arbeitsgemeinschaft gründete sich. Die Kirchengemeinde beteiligte sich, das Richt- wurde zum Dorffest. Mihm war geschult durch die jahrelange Integrationsarbeit; er wusste um die Herausforderung, wenn jemand „von außen" mit Ideen kommt. „Die Bürger müssen im ganzen Prozess mit dabei sein, nicht nur Alibi-mäßig zwischendurch", sagt er. „Sonst fällt die Akzeptanz schwer." Die Datteroder wollten gern ein Café haben, einen Bäcker, auch einen Blumenladen und natürlich einen Supermarkt – auf einmal schien das Autohaus gar nicht mehr zu groß.

Beim Umsetzen dieser Ideen zahlte sich die soziale Ausrichtung des Vereins aus. Er kam leichter an Zuschüsse als etwa herkömmliche Bürgerbündnisse. So steuerte die Aktion Mensch 250.000 Euro bei, das Integrationsamt zahlte 200.000 Euro fürs Einrichten eines Schwerbehinderten-Arbeitsplatzes. Die Behörde übernimmt darüber hinaus dauerhaft bis zu 20 Prozent vom Lohn. Das Amt unterstützt grundsätzlich Firmen, die Arbeitsplätze für Schwerbehinderte schaffen. Höhe und Gestalt der Förderung unterscheiden sich je nach Bundesland.

Im Datteroder „marktwert" arbeiten mittlerweile zwölf Verkäuferinnen und Verkäufer, acht davon sind schwer behindert. Insgesamt kosteten Kauf, Umbau und Einrichtung 1,2 Millionen Euro. Kommune und stellenwert GmbH gelang es, zusätzlich Fördermittel aus dem EU-Programm für ländliche Räume, Leader, zu ergattern (etwa 70.000 Euro), auch von der Diakonie kam eine Finanzspritze sowie fast 150.000 Euro vom Bund über das erwähnte Programm „Region schafft Zukunft“. Den Rest zahlte die GmbH selbst – etwa eine halbe Million Euro. Ein Dreivierteljahr nach dem Kauf eröffnete der „marktwert“ mit einem öffentlichen Angrillen.

Im Nachhinein klingt das leicht und unkompliziert; tatsächlich war es für alle Beteiligten ein Experiment. Mihm war zwar erfahren in der Frage, wie man Menschen mit Behinderung in ein Arbeitsverhältnis bringt – aber mit Einzelhandel, Sortiment und den Empfindlichkeiten lokaler Bankangestellter kannte er sich nicht aus. Der Bürgermeister wusste um die Wünsche seiner Bürger, hatte aber keine Ahnung, ob sich der Integrationsverein als geeigneter Partner herausstellen würde. Bei Bürgern klafft der Anspruch zwischen Wunsch und eigenem Verhalten gerade beim Einkaufen oft sehr auseinander, das war in Datterode nicht anders als in anderen Orten. Und der Landrat? Auch ihm war bewusst, dass so manchem Modellprojekt die Luft ausgeht, wenn es keine Subventionen mehr dafür gibt.

In Datterode gelang der Versuch. Die erste Finanzierung gab einen kräftigen Schub, dann lief der Laden. Herzstück ist das Lebensmittelsortiment, das vom Rewe-Konzern kommt. Die Betreiber dürfen laut Vertrag so viele Produkte zukaufen, wie sie möchten. Anders als der Konkurrent Tegut (siehe nächstes Kapitel) lässt Rewe den Betreibern relativ freie Hand bei der Sortimentsauswahl. Stellenwert kauft dem Konzern die Ware ab; der erwartet ein Volumen im Wert von etwa einer Million Euro pro Jahr. Das vollständige Auffüllen der Regale kostet laut Mihm an die 150.000 Euro. Weil die Menschen in der Gegend eher wenig Geld haben, sind viele Produkte der Eigenmarke „ja!“ gelistet. „Da verdienen wir zwar weniger dran als an anderen Waren, aber wenn wir die nicht haben, fahren uns die Leute zum Aldi“, erklärt Mihm. Wochenangebote übernimmt der Markt vom Lieferanten – es ist praktisch, weil die entsprechenden Schilder gleich mitgeliefert werden und Mihm keinen Grund sieht, der Werbung nicht zu folgen. Ein Regal wird von der „BioRegion Werra Meißner“ bestückt, daneben gibt es eine Regionalmarke ohne bio, sie läuft besser. Die Wirtschaftsfördergesellschaft begleitet die zwei Regionalschienen, sie half bei der Auswahl der Höfe und stiftete das Logo.

Die Gänge sind breit, die Waren übersichtlich angeordnet und leicht zu erreichen: Es macht Spaß, im ehemaligen Autohaus einzukaufen. Ein

Metzger, der früher im Ort verkauft hat, ist mit einer Theke im hinteren Ladenteil integriert. Mihm und sein Team hätten in den Bereich auch gern einen Aufbackofen für Brot und Brötchen gestellt, auf den mussten sie aber dem Bäcker zuliebe verzichten. Die Brötchen gibt es gleich am Eingang, an der Schnittstelle zum Café. Die Bäckerei hat auch am Sonntagvormittag geöffnet und während der Woche ab 6 Uhr. Der Supermarkt selbst hat bis 19 Uhr geöffnet; um auch den Menschen in den umliegenden Dörfern einen Einkauf zu ermöglichen, haben Bürger einen ehrenamtlichen Fahrdienst ins Leben gerufen. Gegen eine Spende können sich Gäste zum Laden fahren lassen.

Gleich im Eingangsbereich sind Kundentoiletten (wichtig gerade für die Älteren und die Cafégäste) und Beratungsstellen der regionalen Banken untergebracht. Dass er es geschafft hat, die zwei Finanzkonkurrenten nebeneinander ins Gebäude zu holen, rechnet sich Mihm als persönlichen Erfolg an. Die Banken zahlen Miete. Mehrzwecksaal und Physiotherapieräume sind im Untergeschoss; da das Gebäude am Hang liegt, wirkt es wie ein zweites Erdgeschoss. Parkplätze sind auf beiden Ebenen eingerichtet.

Das Café ist so gestaltet, dass man bequem nach draußen auf die Straße und den Parkplatz gucken und am Trubel teilhaben kann. In einem Eckregal sind Basteleien von Schwerbehinderten ausgestellt, sie können gekauft werden. Man erkennt übrigens im Laden nicht auf den ersten Blick, wer nun ein Handicap hat und wer nicht – das freut Matthäus Mihm; letztlich ist es Ziel des gemeinschaftlichen Arbeitens.

Der Blumenladen indes, den die Bürger so unbedingt haben wollten, hat sich nicht halten können. Die Datteroder kauften zu wenig ein. Nun sind in dem Raum im rückwärtigen Bereich des Markts Geräte aufgestellt, an denen man selbst Blutdruck und Zucker messen kann. Die Werte werden über einen Computer weitergereicht, bei Bedarf wird der Hausarzt eingeschaltet.

Bislang nicht gelungen ist die Idee, Ärzte verschiedener Disziplinen dieselben Praxisräume teilen zu lassen. Die kassenärztliche Vereinigung stellt sich quer; es ist ein Beispiel für geltende Gesetze und Regelungen, die nicht mehr zu den Anforderungen im ländlichen Raum und der alternden Bevölkerung überhaupt passen.

Der marktwert hat das erste Geschäftsjahr mit schwarzen Zahlen abgeschlossen, und er wurde zum Modell für vier weitere Integrations-Nahversorger in der Gegend. In Gertenbach, einem Viertel der Kleinstadt Witzenhausen, entsprechen Konzept und Größe eher einem modernen

Tante-Emma-Laden; das „Lädchen für alles" misst ein Sechstel des Datteroder Supermarkts und beschränkt sich neben dem Lebensmittelangebot auf Café und Backwaren. In Eschwege selbst versucht sich die stellenwert GmbH an einem innerstädtischen Minimarkt. In Abterode wiederum, einem Örtchen am Fuße des imposant aufragenden Hohen Meißner, kooperieren Mihm und sein Team mit dem Einzelhandelskonzern Tegut.

Steckbrief marktwert Datterode
Lage: Kreis Werra-Meißner, bei Eschwege
Größe: 500 Quadratmeter
Gründungsjahr: 2010
Öffnungszeiten: Mo-Fr 9-19 Uhr, Sa 9-16 Uhr
Zusatzangebote: Café, Bäckerei, Bankberatung, Getränkeangebot, zentrale Arztpraxis (geplant)

– Abterode –
Lädchen für alles

Eine Zusammenarbeit von Einzelhandel und Integrationsverein

In Abterode haben sich Matthäus Mihm und sein Team für ein von mehreren Seiten abgesichertes Modell entschieden. Die Initiative kam erneut vom Bürgermeister, Inventar und Sortiment gehören dem Einzelhandelskonzern tegut und das Integrationsamt übernimmt 70 Prozent der monatlichen Inventarmiete – also der Miete für Regale, Kassen und Tiefkühler. Tegut stellt seinen „Lädchen für alles" auch einen Berater und Begleiter für die ersten Monate zur Seite.

Abterode ist ein Ort mit gut 900 Einwohnern am Fuß des Hohen Meißner, eines aufragenden Solitär in der Landschaft. Das Dorf ist Sitz der Gemeindeverwaltung Meißner. Bis in die nächstgrößere Stadt Eschwege mit mehreren Supermärkten sind es etwa acht Kilometer. In Abterode selbst gibt es zwei Metzger, ein mobiler Bäcker kommt vorbei und bis zu seiner Pleite konnten die Bewohner bei Schlecker das Nötigste kaufen. Der Dorfladen zog in die Räume der einstigen Raiffeisenbank-Filiale. Es ist die einstige Synagoge, sie liegt an einem kleinen Platz nahe der evangelischen Kirche: In Abterode lebte bis zur Zeit des Nationalsozialismus eine der größten jüdischen Gemeinden Nordhessens, im 18. Jahrhundert machte sie zwischenzeitlich mehr als ein Fünftel der Bevölkerung aus.

Zu Beginn der 1930er-Jahre lebten noch etwa 80 jüdische Bürgerinnen und Bürger in Abterode, zehn Jahre später gar keiner mehr. Wer nicht ausgewandert war, wurde von den Nationalsozialisten in Lagern oder auf dem Transport dorthin umgebracht. Unter den jüdischen Bürgern waren Händler und Handwerker, die zuvor das wirtschaftliche und gesellschaftliche Leben in Abterode geprägt hatten. Von ihrem Besitz profitierten viele Ortsansässige; das macht den Umgang mit diesem Teil der Lokalgeschichte bis heute schwierig.

Die Synagoge, ein quaderförmiger Bau aus rotem Sandstein, wurde in der ersten Hälfte des 19. Jahrhunderts gebaut. Während der Pogrome 1938 wurde sie innen verwüstet, blieb außen aber weitgehend intakt. Der Vorläufer der Raiffeisenbank kaufte es 1944. Das Haus steht unter Denkmalschutz.

Mihm und die stellenwert GmbH konnten schon während der Renovierung auf den Rückhalt der Gemeinde zählen: Zum einen steuerte sie 10.000 Euro bei für gemeinnützige Leistungen im Rahmen eines Programms zur Daseinsvorsorge. Zum anderen besichtigten Ratsmitglieder immer wieder die Baustelle und erkundigten sich nach den Fortschritten. „Diese ideelle Unterstützung war ungemein wichtig, dass man weiß, das Projekt ist wirklich gewollt“, sagt Mihm. Etwa 30.000 Euro Fördergeld kam zusätzlich von der Europäischen Union, über das Programm Leader.

Tegut mit Sitz in Fulda arbeitete mit der stellenwert GmbH bereits in einem anderen Dorf zusammen. Der 105 Quadratmeter große Laden in der einstigen Synagoge passte ebenfalls in das „Lädchen“-Konzept, mit dem der Konzern kleinflächige Versorgung auf dem Land ermöglichen will (s. Interview auf Seite 154ff.). Tegut stellt die Inneneinrichtung sowie das Sortiment. Mihm und sein Team mieten die Immobilie, sie zahlen Heizung, Wasser, Strom und erhalten eine Provision für den Verkauf der Ware (laut Mihm etwa 15 Prozent). 1,5 Prozent vom Umsatz zieht tegut wieder ab für die Inventarmiete.

„Das Geschäftsrisiko liegt nur zu geringem Teil bei uns, dafür will tegut gern die Kontrolle behalten über das Sortiment“, fasst Mihm das Modell zusammen. „Sie haben die Stellschrauben.“ Das Unternehmen beharre etwa auf seiner Bio-Backwaren-Marke Herzberg. Könnte stellenwert selbst entscheiden, würde die Gesellschaft weniger auf Bio setzen und stattdessen frische Brötchen eines regionalen Bäckers anbieten. Die Betreiber dürfen 15 Prozent der etwa 5.000 Artikel selbst zukaufen. In Abterode steht Honig aus Gertenbach neben dem Bio-Honig von tegut, auch Gewürze aus der Region sind gelistet. Der Umsatz damit wird in der Kasse gesondert verrechnet und am Abend herausgenommen. Die regulären Waren wiederum werden über das Kassensystem automatisch nachbestellt. Die Kosten für nicht verkaufte Waren teilen sich Betreiber und tegut.

Das Abteroder „Lädchen für alles“ eröffnete im April 2011. Von den vier Angestellten haben zwei ein Handicap. Links neben dem Eingang ist eine lange Kassentheke eingerichtet, an der auch Backwaren verkauft und

Briefe angenommen werden. Der Verkaufsraum ist eng und verwinkelt, die Regale stehen sehr dicht; Besuche mit Kinderwagen oder Rollator dürften ungemütlich werden. Überhaupt fühlt man sich etwas beengt, Erlebniseinkauf ist etwas anderes. Eine Frischetheke gibt es wegen der zwei ortsansässigen Metzger nicht.

„Es brauchte seine Zeit, bis wir gemerkt haben, welche Produkte gehen und welche nicht“, sagt Mihm. Eine Mitarbeiterin wird deutlicher: „Bioartikel gehen gar nicht, auch vegetarische Spezialitäten werden selten nachgefragt, und laktosefreie Waren und so.“ Tegut jedoch hänge an dem Bio-Schwerpunkt und lasse sich nur widerstrebend überzeugen. „Wenn ich sage, jetzt habe ich es schon zweimal rausgeschmissen, das bringt nichts, das ist dann so. Dann muss ich reagieren“, beharrt die Mitarbeiterin mit einem Schulterzucken.

Anfangs war die Bevölkerung ohnehin misstrauisch. Sie war zwar von Anfang an über das Projekt informiert worden, doch weder an Planung oder Konzeption noch finanziell beteiligt. Es fiel vielen schwer, sich mit „ihrer“ Nahversorgung zu identifizieren. Vor allem die älteren fühlten sich an Tante-Emma Zeiten erinnert, mit muffigen und überteuerten Produkten. Erst durch viel Mundpropaganda und Einzelaktionen legte sich der Argwohn. Das tegut-Lädchen ist nicht teurer oder billiger als ein herkömmlicher, größerer Supermarkt. Die Angebote sind identisch mit denen anderer tegut-Märkte – die gibt die Zentrale vor. Man kann hier seinen Wocheneinkauf erledigen; inzwischen ist der Laden gut besucht. Im ersten Jahr blieb er zwar in der Verlustzone, doch die Umsätze steigen kontinuierlich. „Wir sind sehr optimistisch für das zweite Jahr, die Einarbeitung der Beschäftigten hat einfach seine Zeit gebraucht", sagt Mihm.

Er ist derweil auf die nächste Baustelle weitergezogen – ein Stockwerk höher. Über einen Seiteneingang gelangt man in ein Treppenhaus, das im ersten Stock in einer schmalen Tür mündet. Dieser Aufgang war einst den jüdischen Frauen vorbehalten. Oben öffnet sich ein weiter, baufälliger Raum, bei dem allenfalls die Deckenbemalung an seine Vergangenheit als Synagoge erinnert. Mihm will ihn wiederaufleben lassen – als Ort der Begegnung und der lokalen Geschichte. „Wir wollen das Konzept bewusst offen gestalten", sagt er. Es geht ihm auch darum, die Last der Vergangenheit zu erleichtern.

Mihm möchte mit Schautafeln an den Wänden an die einstige jüdische Bevölkerung und ihr Schicksal erinnern. Die evangelische Pfarrerin denkt an regelmäßige Frauenfrühstücke, die Grimm-Gemeinde an ein Erzählcafé für Kinder und Erwachsene: Meißner nämlich ist Märchengegend, der Berg Schauplatz vieler Sagen. Eine der berühmtesten ist die von Frau Holle, jenem Wesen aus der Brunnenwelt, das aus einer vernachlässigten Stieftochter die Gold- und aus einem verhätschelten Mädchen die Pechmarie machte. Zwar beanspruchen mehrere Regionen für sich, Heimat von Frau Holle zu sein; keine tut das indes so vehement wie Nordhessen. Am Hohen Meißner gibt es einen Frau-Holle-Teich, dessen Baden fruchtbar machen soll. Der Tourismusverband bietet geführte Wanderungen zu den Märchenorten am Berg an, in Eschwege und in Nebendörfern gibt es thematisch ähnliche Stadtführungen.

Die einstige Synagoge als Querschnitt durch die Geschichte Abterodes, das ist es, was Mihm vorschwebt. Doch zuletzt stockte die Entwicklung, es gab Probleme bei der Finanzierung, Partner sprangen ab. An der Ladentheke, das hat der Sozialarbeiter inzwischen gemerkt, ist Integration leichter zu verwirklichen.

Steckbrief Lädchen für alles
Lage: Abterode am Hohen Meißner, unweit von Eschwege
Größe: 105 Quadratmeter
Gründungsjahr: 2011
Öffnungszeiten: Mo-Fr 7-18 Uhr, Sa 7-14 Uhr
Zusatzangebote: Post

Extra:
„Eine Antwort geben auf den demographischen Wandel“

Interview mit Knut John, Tegut, Ökotrophologe, 49

Herr John, tegut probt mit seiner „Lädchen für alles“-Schiene ein Konzept für Nahversorgung in ländlichen, ausgedünnten Gebieten – dort, wo sich Konzerne sonst zurückziehen mangels Renditeerwartung. Sind Sie Gutmensch?

Knut John: Gutmensch, das möchte ich so nicht sagen. Gutmensch kann man ohnehin nur sein, wenn man vorher Gewinne erwirtschaftet hat. Und natürlich müssen auch wir wirtschaftlich arbeiten. Unsere „Lädchen für alles“ werfen aber in der Tat deutlich weniger Gewinn ab, weil der logistische Aufwand ungleich höher ist bei kleinerem Sortiment. Aber wir wollen bewusst Menschen, die in Orten wohnen in denen keine Nahversorgung mehr vorhanden ist, die Möglichkeit bieten in ihrem Ort einkaufen zu können und somit dem Dorf wieder einen Lebensmittelpunkt zu geben.

Was war Ihre Motivation beim Start des Konzeptes vor zwei Jahren?

Zum einen wollten und wollen wir damit eine Antwort auf den demographischen Wandel geben. Wir erleben in unseren Märkten, dass Ältere nur noch schwer in die Stadt fahren können, ihnen der Verlust der Selbstständigkeit aber schwer fällt. Außerdem wird Mobilität immer teurer – die Benzinpreise steigen, die Kosten für den Nahverkehr auch. Zum anderen haben wir die Erfahrung gemacht, dass viele junge Menschen gern aufs Land ziehen wollen – aber nur, wenn dort eine entsprechende Versorgung gesichert ist.

Inzwischen haben elf „Lädchen für alles“ eröffnet, an die 20 weitere sind in Planung. Wie legen Sie die Standorte fest?

Meistens kommen die Gemeinden zu uns. Medien haben von Anfang an oft und breit über uns berichtet, so dass unser Konzept vielen Menschen ein Begriff ist. Suchen müssen wir eigentlich nie.

Wie entscheiden Sie, ob sich ein Standort eignet oder nicht?

Eine unserer Kriterien ist, dass es mindestens 1.200 Einwohner sein sollten. Der Markt sollte eine Größe von etwa 150 Quadratmetern haben können. Parkplätze brauchen wir übrigens nicht, die meisten unserer Kunden kommen ohnehin mit dem Fahrrad. Wir schauen uns natürlich auch die Versorgungssituation an – wir würden zum Beispiel nicht in ein Dorf oder in einen Stadtteil gehen, in denen es noch einen Supermarkt gibt. Discounter interessieren uns weniger. Das Dorf muss einen Charakter haben, in einem reinen Schlafdorf wäre es nicht sinnvoll. Die Menschen sollen dort schon leben, und leben wollen.

Aber wie kann man über den Charakter eines Dorfes aufgrund von ein paar Statistiken urteilen?

Das machen wir ja nicht. Meine zwei Mitarbeiter und ich fahren hin, denn nur vor Ort und im Gespräch bekommt man einen Eindruck von dem Dorf und seinen Menschen. Wir beobachten das Leben an Plätzen, wir sprechen mit den Menschen, den einfachen auf der Straße und den Multiplikatoren in Vereinen, in der Gemeinde.

Wie sieht das Lädchen-Konzept aus?

Für die Immobilie ist in der Regel die Gemeinde zuständig, sie können die Gebäude oft über Fördergelder kaufen und sanieren. tegut bleibt Eigentümer der Ware und vermietet sie quasi an die Laden-Betreiber – etwa an Integrationsvereine wie in Abterode, oder an Einzelkaufleute. Das heißt, sie müssen die Ware nicht finanzieren. Für das Inventar, also Regale und Kassen, zahlen sie eine so genannte Inventarmiete. Wir betreuen die Läden, in der Anfangszeit intensiv, später regelmäßig. Wir entsenden oft auch einen Mitarbeiter für die erste Zeit, bis die Abläufe routiniert sind. In der Regel haben wir bis zu 250.000 Euro investiert, wenn so ein Laden aufmacht.

Wie hoch sind diese unterschiedlichen Mieten?

Das hängt von Umsatz und Größe des Ladens ab, genaue Zahlen möchte ich da nicht nennen.

Dieses Konzept bedeutet für den Betreiber, dass er komplett von Ihnen abhängig ist.

Die Einzelhändlerdürfen das Sortiment um einzelne Produkte ergänzen, etwa regionale Waren. Außerdem ermutigen wir sie, das Angebot um Dienstleistungen zu erweitern, wie eine Postagentur oder einen Apothekenservice. So stellen sie sich breiter auf, und die Kunden können mehrere Bedürfnisse an einer Stelle decken.

Bei Backwaren beharren sie aber doch auf der tegut-Bäckerei Herzberger – obwohl in Dorfläden gerade Brot und Brötchen aus lokaler Produktion gefragt und einer der Umsatzbringer sind!

Ja. Die Brot- und Backwaren werden biologisch erzeugt und vor Ort gebacken. So können die Mitarbeiter genau nach Bedarf backen. Herzberger ist sehr akzeptiert, die Produkte werden nachgefragt! Der eigenen Bäckerei den Vorzug zu geben, ist aus unternehmerischer Sicht auch logisch: Man sägt ungern an dem Ast, auf dem man sitzt.

Mussten Sie sich in den zwei Jahren von ersten Partnern verabschieden?

Nein, bisher sind die Betreiber bei der Stange geblieben. Natürlich gibt es Läden, die nicht so gut laufen, aber das ist normal. Die „Lädchen für alles" sind insgesamt ein zartes Pflänzchen, das wir beständig und vorsichtig gießen. Bei manchen, gerade bei Integrationsvereinen, müssen wir intensiv schulen, die Märkte speziell bewerben. Es kann durchaus passieren, dass nicht alle durchhalten, so ist das nun einmal. Davon lassen wir uns nicht entmutigen.

Noch ein Blick zur Wettbewerbssituation: Demographischer Wandel schwimmt auf der Modewelle. Haben Sie den Eindruck, dass Ihre Konkurrenten im Einzelhandel mit Klein-Konzepten nachziehen?

Im Moment sehen wir keine ernsthaften Bestrebungen der Mitbewerber. Meiner Meinung nach ist über Ankündigungspolitik hinaus bisher nichts passiert. Rewe hat ein City-Konzept, aber auf den Dörfern tut sich nichts. Dabei merken wir, dass das Thema Nahversorgung an den Stadtrand schleicht: Einige Wohnquartiere stehen vor den gleichen Herausforderungen wie die Menschen in der Stadt. Und der demographische Wandel ist noch lange nicht zu Ende.

DORV erreicht die Stadt

Die Not der Trabantenstädte

An der Kasse stehen drei Kunden und die Verkäuferin telefoniert. Offensichtlich ist es ein privates Gespräch. Georg Schmitz sitzt etwas abseits an einem Cafétisch und beobachtet das Geschehen. Er runzelt die Stirn. „Wenn Sie jetzt nicht da wären, würde ich hingehen und eingreifen", sagt er zu mir. Er sitzt angespannt auf dem Stuhl, stützt sich mit den Ellenbogen auf dem Tisch ab. Erst als die Verkäuferin das Gespräch beendet, das Telefon in ihre Hosentasche steckt und sich den Wartenden zuwendet, entspannt sich Schmitz. Die Kunden, zwei Seniorinnen und ein Mann mittleren Alters, haben nichts gesagt.

Schmitz ist Mitarbeiter von Heinz Frey und im Auftrag von DORV Qualitätsmanager – unter anderem für das vor kurzem eröffnete Geschäft im Dürener Stadtteil Grüngürtel.

Mit DORV auf dem Dorf teilt sich der Laden nur den Namen: Grüngürtel ist eine typische 70er-Jahre-Siedlung am Stadtrand. Etwa 4.500 Menschen leben hier. Der Nahversorger liegt in einer schmucklosen Ladenzeile inmitten von Wohnblocks, es ist eines dieser Flachbau-Quartierszentren mit viel Beton und wenig Grün. Um die Ecke gibt es einen Bäcker, ansonsten ist die Gegend verwaist. Von der Herzlichkeit einer Ortsmitte wie in Barmen ist wenig zu spüren, es lebt sich ziemlich anonym in Grüngürtel. Hier bürgerschaftliches Engagement zu aktivieren, wäre vermutlich aufwändig gewesen.

Es war nicht nötig. Der Verein „In Via" betreibt den Laden. Er ist Mitglied bei der Caritas und kümmert sich unter anderem darum, dass benachteiligte Menschen Arbeit finden – zum Beispiel als Verkäufer im Einzelhandel. Dafür gibt es Geld und zusätzliche Drittmittel von der Aktion Mensch. Beim Start und den ersten Gehschritten in Grüngürtel betreute das DORV-Team die Vereinsmitarbeiter; Schmitz kümmert sich nach wie vor um das laufende Geschäft, prüft die Bilanz, steht für Fragen zur Verfügung.

Im hinteren Teil des etwa 400 Quadratmeter großen Markts stehen mit Lebensmitteln gefüllte Regale, es gibt alles für den täglichen Bedarf. Die Frischetheke, auf die Kunden beim Betreten des Ladens stoßen, ist ähnlich wie im Barmener Zentrum als U gestaltet: Rechts Fleisch, Brot und Käse, vorn die Kasse, links eine Theke, die sich zu einem Cafébereich hinwendet.

Bei einem Besuch im Winter wirken Ausstattung und Anordnung noch unfertig: Der Linoleum-Fußboden ist speckig, für einen neuen Belag haben die Fördergelder nicht gereicht. Die Einrichtung verliert sich im Raum, zu viel Platz ist nicht genutzt. Gleiches gilt für die Tische im linken Ladenteil, dort wo Schmitz Platz genommen hat und die Lage beobachtet: Sie stehen etwas herum, es fehlt ein Rahmen. „Wir basteln noch“, bekennt der Qualitätsmanager.

Noch mehr als das Gesicht des Geschäfts ist ihm indes die Serviceorientierung der Mitarbeiter ein Dorn im Auge: Die Grundüberlegungen von DORV fußen auf persönlicher Ansprache und einem Miteinander – es geht nicht nur um Lebensmittel, sondern um eine neue soziale Mitte. Irgendwie haben das die zwei Mitarbeiter, die junge Frau und ein unwesentlich älterer Mann, nur noch nicht so recht verstanden. An der Brottheke warten wir minutenlang, obwohl gar nichts los ist. Die zwei Verkäufer unterhalten sich. Später geht die Frau nach draußen, um sich Zigaretten zu besorgen. Sie hat noch gesehen, dass eine Kundin die Kasse ansteuert. Schmitz ist nicht zufrieden, als wir wieder fahren.

Ein Vierteljahr später hat ein neuer Marktleiter das Ruder übernommen. Er kommt von einem führenden Discounter. Mit dem neuen Chef hat sich vieles verbessert. „Das Angebot ist auf die Nachfrage abgestimmt, die Nachbestellungen passen, wir haben weniger Ausschuss“, beschreibt Schmitz die neue Situation. In der Folge hätten sich die Umsätze deutlich gesteigert. Wie der Laden das erste Geschäftsjahr abschloss, will er mir dann aber doch nicht sagen.

Auch in Aachen-Preuswald haben die Mitarbeiter dazugelernt. Die Ausgangslage ist ähnlich wie in Düren-Grüngürtel: Preuswald ist ein 70er-Jahre-Stadtteil mit Ladenzeile in der Mitte, neben den Mehrfamilienblocks gibt es Straßenzüge mit Reihenhäusern im Bungalow-Stil. Die belgische Grenze ist nicht weit. Der Stadtteil ist von Wald umsäumt, ins Aachener Zentrum fährt ein Bus. In Preuswald leben etwa 2.000 Menschen, die meisten von ihnen sind älter als 60 Jahre alt. Hier eröffnete

„In Via“ 2010 den ersten integrativen Laden, ebenfalls mit Unterstützung von DORV.

Das Sortiment auf den 200 Quadratmetern Fläche ist weder üppig noch stechen besondere Produkte hervor. Gleich am Eingang ist eine Art Ausruhecke eingerichtet, ein Tisch mit gemütlichen Stühlen, vom Supermarkt durch ein Bücherregal abgetrennt. „Das hat sich sehr verbessert“, sagt Jürgen Spelthann. Er meint damit die in der Tat gemütlich wirkenden Sitzmöglichkeiten, aber auch das Auftreten der Verkäuferinnen. Zuvorkommende Bedienung, der Hinweis auf Angebote, ein Blick für die Kunden – das alles war in Preuswald anfangs auch nicht selbstverständlich. Der DORV-Planer hofft, dass mit Café und Service nun mehr Bewohner des Viertels angezogen werden.

Es gab schon einmal eine Art Bistro in der verwinkelten Ladenzeile; es lebte jedoch vor allem von Fördermitteln, als die versiegten, segelte der Betrieb in die Pleite. „Deswegen haben wir gesagt, bündeln, bündeln, bündeln“, sagt Spelthann. „Ein Betrieb, der Café heißt, rechnet sich nicht, ein Betrieb, der Supermarkt heißt, auch nicht. Eine Angestellte muss beides an einem Ort machen.“ In Dorfläden ist so etwas selbstverständlich. In städtischen Lagen lernen das die Menschen gerade. Dabei ist ein Treffpunkt für Preuswald ebenso wichtig wie für abgeschiedene Dörfer. Das Viertel ist sozial abgesackt in den vergangenen Jahren, ein Nahversorger mit Begegnungsmöglichkeiten kann einen Gegenpunkt setzen. Vor diesem Hintergrund erscheint es nachvollziehbar, dass der Immobilienkonzern Deutsche Annington das Vorhaben von In Via und DORV unterstützte: Dem Unternehmen gehören etwa 85 Prozent der Mietshäuser im Viertel; ein sozial stabiles Umfeld sichert die Rendite. Die Deutsche Annington ließ auf ihre Kosten das Innere des Ladens umbauen.

Im hinteren Bereich des Geschäfts, durch einen Vorhang getrennt, ist ein Internetcafé eingerichtet und eine Ecke mit einer Mini-Boutique. Einmal haben Jugendliche diese Kleidung bei einer Modenschau präsentiert – der Laufsteg wurde quer durch den Supermarkt gelegt. Die Waren in der Lebensmittelabteilung liefert Cames aus Neuss. Brötchen und Brot kommen als Rohlinge und werden vor Ort aufgebacken, Vortagsware gibt es zum halben Preis. Eine Metzgerei in Jülich bringt Fleisch und Wurstwaren; sie sind bei Älteren sehr gefragt, die Jüngeren schauen eher auf den Preis und greifen zu Abgepacktem. Die russischstämmige Bevölkerung wartet weiterhin auf den mobilen Fleischhändler, der zweimal pro Woche vorfährt und spezielle russische Waren anbietet.

„Es ist mal so, mal so, man kann schlecht Prognosen treffen“, sagt eine Mitarbeiterin zur Umsatzplanung. „Hier kaufen viele Schüler und viele Ältere ein, der Rest fährt in die Stadt. Wenn es weiter so läuft, reicht es zum Überleben.“ Sie klingt nicht unzufrieden. Später sagt sie, der Laden müsse noch bekannter werden im Viertel. Es gebe zum Beispiel einen kostenlosen Lieferservice – von dem wüssten viele Senioren aber nichts.

Auch Spelthann wünscht sich mehr Schlagkraft für den Integrationsladen, mehr vorausschauendes Marketing. Gleichzeitig schränkt er ein: Werbung sei eine Gratwanderung. Es klingt zwar vorbildlich und gesellschaftlich korrekt, wenn ein Nahversorger schwer vermittelbaren Menschen eine Beschäftigung gibt. Doch auf die Menschen in den kleinbürgerlich anmutenden Reihenhaussiedlungen Preuswalds kann das Wort Handicap auch abschreckend wirken. „Wir sagen immer, es ist besser, sich nach außen hin neutral darzustellen. Mit dem Schlagwort Integrationsbetrieb lässt sich nicht so gut werben“, sagt Spelthann.

Steckbrief „Unser Lädchen“ Frischemarkt Preuswald
Lage: Aachen
Gründungsjahr: 2010
Öffnungszeiten: ab 7 Uhr, Mo/Mi bis 13 Uhr, sonst bis 19 Uhr, Sa bis 14 Uhr
Zusatzangebote: Café, Internetcafé

Düren-Grüngürtel
Gründungsjahr: 2011
Öffnungszeiten: Mo-Fr 8-18.30 Uhr, Sa 8-14 Uhr

– Hallstadt –
Nicht Dorf, nicht Stadt und doch kein Laden

Kleinstädte mit Trend zum Veröden

Hallstadt ist eine Stadt ohne Zentrum. In der Ortsmitte zwängen sich verschachtelt angelegte Straßen durch dicht bebautes Gebiet, sie werden als Durchfahrtsstraßen genutzt. Das Bürgeramt wird von zwei Seiten mit Autos umfahren, die Gehsteige sind schmal. Hier geht niemand zum Flanieren entlang. Innerhalb des zentralen Straßenkarrees, nicht sichtbar von außen, verfällt ein ehemaliges Einkaufszentrum. Wie in Aachen und Düren ist es ein Siebzigerjahre-Bau, Beton in Flachbauarchitektur. Vor acht Jahren hat der Supermarkt geschlossen. Seitdem steht das Gebäude leer.

Dabei wächst Hallstadt. In der Gemeinde wohnen 9.000 Menschen, Tendenz steigend. Zu den drei bestehenden Kindertagesstätten soll im nächsten Jahr eine weitere dazukommen, die vier Kindergärten sind ausgelastet. Die Stadt vor den Toren Bambergs ist die finanzkräftigste Gemeinde in Oberfranken und profitiert von zwei Gewerbegebieten, eins davon teilt sie sich mit Bamberg. Der Statistik nach nimmt der Lebensmitteleinzelhandel 30.000 Quadratmeter Fläche im Gemeindegebiet ein.

Im Ort selbst gibt es einen Bäcker und einen Metzger, zwei Familienbetriebe. Wer dort Aufschnitt und Brötchen kauft, hört die Menschen zwar jammern über die Nahversorgung und schwärmen von den Zeiten, als es noch den Supermarkt gab und den zweiten Bäcker und den Schreibwarenladen. Die Unzufriedenheit in Engagement umzuwandeln, dafür hat es in Hallstadt aber nie gereicht. Die meisten Familien haben ein Auto und fahren zum Einkaufen ins Gewerbegebiet am Hafen. Dort gibt es Fachmärkte, Discounter, Einkaufszentren und hunderte Parkplätze. Für diejenigen, die in Bamberg arbeiten, ist die Fahrt ein Schwenk. Die Menschen, die tagsüber im Ort bleiben, müssen die fünf Kilometer Fahrt auf sich nehmen. Man trifft sich im Turnverein oder beim CSU-Ortsverband und nach dem Kirchgang. Viele treffen sich auch gar nicht mehr im

Ort – Hallstadt gehört zum direkten Einzugsgebiet von Bamberg, viele Eltern arbeiten dort, die Kinder gehen in der größeren Stadt aufs Gymnasium. Hallstadt lebt ein Vorstadt-Schicksal.

„Die Bürger sind zu träge und die Geschäftsleute zu satt“, bilanziert Markus Zirkel. Er ist seit vier Jahren Bürgermeister und hat sich vorgenommen, den Notstand zu ändern statt zu verwalten. Zirkel, ein dynamischer SPD-Mann mit modischer Glatze, ist über den Betriebsrat seiner Firma in die Lokalpolitik eingestiegen. Der 40-Jährige fährt zu Terminen mit dem Mountainbike, nimmt an Volksläufen teil und setzt sich mit Besuchern auch am Sonntagnachmittag zusammen, wenn sich kein anderer Termin finden lässt. Er ist mit einer CSU-Politikertochter verheiratet und sollte es bei der nächsten Wahl nicht mehr klappen mit dem Bürgermeisterposten, kann er in seine Firma zurückkehren.

Zirkel hat frischen Wind in den festgefahrenen Nahversorgungsnotstand gebracht. Nach seiner Wahl liest er sich zunächst durch die Akten, um die Entwicklung nachzuvollziehen. Offiziell hat der Rewe-Konzern das Ende im Zentrum mit zu geringen Umsätzen begründet. Abseits des Protokolls erfährt Zirkel indes, dass sich Immobilienbesitzer und Einzelhändler über die Miethöhe nicht mehr einig geworden sind. Rewe kündigt an, am nördlichen Ortsausgang bauen zu wollen. Dort ließen sich zahlreiche Parkplätze einrichten, ein Discounter als unmittelbarer Nachbar zöge zudem Kunden an. Auch Konkurrent Edeka will dorthin. Die Gemeinde führt mit beiden Konzernen Verhandlungen und entscheidet: Entweder ihr geht in die Stadt hinein, oder ihr erhaltet gar kein Baurecht. Zirkel ist damals noch nicht im Amt. Rewe und Edeka winken ab und schmollen. Das Thema versickert, auch in der öffentlichen Wahrnehmung.

Im Wahlkampf 2007/2008 taucht es wieder auf. Die fehlende Mitte wird mit der aufkeimenden Diskussion um den demographischen Wandel verbunden. Der Leerstand ist jedem ersichtlich, der durch den Ort fährt – man kommt an dem Thema buchstäblich nicht vorbei. Die gegnerischen Parteien, SPD, CSU und freie Wähler, führen mit verschiedenen Interessenten Gespräche. Kurz bevor die intensive Wahlkampfphase beginnt, einigen sich die Spitzenkandidaten jedoch darauf, das Thema Nahversorgung erst nach der Wahl öffentlich zu diskutieren. „Das hätte sonst einen Riesenverhau gegeben und die Sache an und für sich wäre tot gewesen“, sagt Zirkel.

Er gewinnt. Von seinem neuen Arbeitsplatz aus ist es nur einen Steinwurf zum verödeten Supermarktstandort. Zirkel schlendert bisweilen dorthin und spielt Ideen und Konzepte durch. Zunächst aber schreibt er Vermerke und spricht mit potenziellen Investoren. Parallel dazu treibt er die Aufnahme Hallstadts ins Förderprogramm „Aktive Stadt- und Ortsteilzentren“ voran, ein Bund-Länder-Programm. Mit Erfolg – 2009 wird die Gemeinde aufgenommen; damit locken zum einen neue Geldtöpfe für Beratung und Planung, zum anderen wird Hallstadt Teil eines Netzwerks, das Erfahrung hat mit Behörden, Richtlinien und verwaltungsrechtlichem Vorgehen.

Aus einem Architektenwettbewerb geht ein Siegerentwurf hervor, über den der Gemeinderat abstimmt. Auch die Bürger werden um ihre Meinung gefragt: Alle, die in dem definierten Planungsgebiet Eigentum besitzen, werden offiziell zur Mitarbeit eingeladen. Drei Tage lang können Bürgerinnen und Bürger schließlich im Rathaus die eingereichten Entwürfe und Modelle anschauen und mit Architekten, Planern und Politikern sprechen. Etwa 140 Menschen nehmen an einer direkten Fragerunde im großen Saal teil. Zirkel sagt, das sei eine hohe Zahl.

Der von Politik und Bürgern für gut befundene Entwurf lässt sich an Stellwänden in Zirkels Büro begutachten: Auf der Fläche des ehemaligen Marktes soll ein neuer Supermarkt mit 700 Quadratmetern entstehen; ein Teil des Parkplatzes wird dazugenommen. Das Ensemble bettet sich in ein Quartierskonzept ein. Das ganze Viertel soll aufgelockerter gestaltet und durchgrünt werden. So sollen von zwei Seiten Rad- und Fußwege von den Hauptstraßen zur „Marktscheune“ hinführen. Einige kleine, geduckte Altbauten im Norden werden abgerissen und durch kleinteilige Geschäftseinheiten ersetzt. Ein Grundstück ist für generationenübergreifendes Wohnen vorgesehen, das haben sich die Bürgerinnen und Bürger gewünscht. Etwa 70 Parkplätze sollen in einer Tiefgarage entstehen, weitere 30 ebenerdig hinzukommen. Soweit die Baupläne – der leichtere, konkrete Teil des Projekts. Schwieriger sind Antworten zu finden auf die Fragen: Was wollen wir in der Marktscheune haben? Wer soll sie betreiben, wem soll sie gehören? Und wer kauft da ein? Immerhin haben sich die Hallstadter mit ihrer Versorgungssituation arrangiert, es scheint keine Notwendigkeit für ein Lebensmittelangebot zu bestehen.

Neuerliche Gespräche mit Einzelhändlern sind für Zirkel enttäuschend verlaufen: Er hat den Eindruck, dass ungeachtet von Lippenbekenntnissen zur Nahversorgung kein Konzern von seinen Vorstellungen zu Parkplatz-

und Ladenflächen sowie Einzugsgebiet abrückt. Auch zwei Kaufleute, die zunächst Interesse gezeigt haben, springen ab.

Der Prozess gerät erneut ins Stocken. Dank des Architektenwettbewerbs und der Bürgerversammlungen indes bleibt das Thema in der öffentlichen Diskussion. Ein Einwohner im Nachbardorf vermittelt Zirkel den Kontakt zu einem Unternehmensberater, der etwa 50 Kilometer weiter nördlich in Franken erfolgreich Dorfladengründungen betreut: Volker Hahn vom Nahversorgungs-Institut. Er soll eigentlich ein Konzept für einen Nahversorger in eben jenem Nachbardorf entwerfen – einer 1.000-Seelen-Gemeinde, die seit Jahrzehnten ohne Geschäft auskommt, aber dank seiner idyllischen Hanglage in den vergangenen Jahren stark gewachsen ist. Zirkel verabredet mit Hahn: Erst einmal ist Hallstadt dran. Der Berater stellt im Stadtrat ein Referenzprojekt in Oberfranken vor und erläutert auf einigen Folien, wie er sich das Ganze für Hallstadt vorstellt. Er schlägt als Geschäftsform eine Gesellschaft mit beschränkter Haftung und Co. KG vor – die Gemeinde solle die Immobilie besitzen, die Bürger sollten über die KG beteiligt werden und somit den Laden betreiben. Die Idee leuchtet ein, aber bei den Berechnungen Hahns wird der Gemeinderat stutzig: Die Zahlen ähneln allzu sehr denen der Referenzgemeinde, das ganze scheint unschlüssig. Hahn wiederum fühlt sich von der Stadt nicht ausreichend unterstützt, spricht davon, dass die politisch Verantwortlichen zu zaudernd seien. Vermutlich liegt die Wahrheit irgendwo dazwischen, indes, das Vertrauen zwischen dem Berater und der Gemeinde zeigt schon früh Risse.

Der Stadtrat holt sich eine zweite Meinung ein; Unternehmensberater Wolfgang Gröll fährt nach Hallstadt, schaut sich die Situation an und erstellt eine Basisanalyse. Zirkel ist angetan und beauftragt Gröll mit der weiteren Projektentwicklung.

Den derzeitigen Plänen nach soll die „Marktscheune“ ihrem Namen Rechnung tragen und vorwiegend Regionales und Spezialitäten anbieten. Die Gegend ist Gärtnerland. Fünf Landwirte haben sich bereit erklärt, von Mai bis Oktober Feldfrüchte zu liefern, etwa ebenso viele Bauern wollen zusätzlich Kartoffeln anbieten. Das Angebot an Käse und Fisch soll über das herkömmlicher Supermärkte hinausgehen. In Hallstadt hat eine Filiale des Großhändlers „Deutsche See“ ihren Sitz, in Franken werden Forellen und Karpfen gezüchtet. Basis soll ein Vollsortiment mit Nahrungsmitteln werden, das nicht wesentlich teurer als im Supermarkt sein darf: Die Menschen in Hallstadt sind ein wenig so genannte Pfennigfuchser – sie schauen aufs Geld, selbst wenn sie es nicht nötig haben. Wahrscheinlich müssen die Spezialitäten die Standardprodukte subventionieren, ähnlich läuft es in anderen Dorfläden.

Seit das Projekt Gestalt annimmt, melden sich auch Kaufleute bei der Gemeinde und fragen wegen des Betriebs der Marktscheune nach. Noch im Herbst will der Bürgermeister mit Abrissarbeiten anfangen. Damit wären erste Fakten geschaffen nach der jahrelangen Diskussion. Zirkels Amtszeit endet 2014. Bis dahin, wünscht er sich, soll der Nahversorger eröffnen.

– Schleswig-Holstein –
Wenn der Staat dem Dorf die Mitte zurückgeben will

Schleswig-Holstein ist eines der wenigen Bundesländer, das sich seit Ende der 90er-Jahre aktiv um neue Nahversorgungs- und Dienstleistungsangebote in den Dörfern kümmert. Der Impuls kam von der Landesregierung, die Gemeinden betreiben die Zentren, die Ladenbetreiber mieten sich ein. Wie das funktioniert und warum die Landesregierung überhaupt aktiv wurde, erklärt die im Landwirtschaftsministerium zuständige Projektmanagerin Christina Pfeiffer in einem Interview auf den nächsten Seiten.

Derzeit gibt es 29 so genannte MarktTreffs in dem nach Fläche zweitkleinsten Bundesland, zehn weitere sind in der Entwicklung. Diese MarktTreffs verstehen sich weniger als klassische Einkaufsläden denn als Dorfzentren, mit von Standort zu Standort abweichenden Schwerpunkten. So stehen etwa in Koberg (s. Seite 174) der Mehrzweckraum und das gemeinsame Mittagessen im Fokus, der Laden entspricht eher einer Bäckerei mit ein paar ergänzenden „Notfallwaren“. Gülzow hingegen (s. Seite 177) ist als klassischer Supermarkt mit angeschlossenem Café konzipiert, andere richten sich auf Touristen aus, bieten Gymnastikkurse an oder nehmen die Post entgegen.

Demzufolge bieten nicht alle MarktTreffs in der Lebensmittelabteilung ein Vollsortiment an: Märkte der Größe S sind eher umsatzschwache Standorte, die intensiv durch die Gemeinde begleitet und gestützt werden. Sie verstehen sich vor allem als Treffpunkt. M-Märkte sind bis zu 100 Quadratmeter groß und haben ein Umsatzpotenzial von etwa 200.000 Euro. Beim Modell liegt die Ladengröße bei bis zu 300 Quadratmetern, das Umsatzpotenzial bei 750.000 Euro. Betreiber sind nurmehr im Einzelfall auf die Hilfe von Seiten der Gemeinde angewiesen. Schließlich haben sich XL-Märkte gegründet, die größer sind als 300 Quadratmeter, mehr als 750.000 Euro Umsatz erwarten und rentabel betrieben werden können. Sie erhalten im Lebensmittel-Bereich häufig gar keine Förderung.

Im Lauf der Jahre haben sich die Gremien geändert, die über die Förderung der Projekte zur ländlichen Entwicklung entscheiden – auch über die Förderung der Dorfzentren. Im Kern ist es nach wie vor so, dass die Gemeinden Zuwendungsempfänger sind. Sie erhalten für bauliche Maßnahmen, Infrastruktur und Beratung Fördergelder bis zu einer Höhe von 55 Prozent der Investitionssumme. Sie regeln auch Vertrag und Zusammenarbeit mit dem Betreiber des Lebensmittelangebots und organisieren die weiteren Angebote im jeweiligen MarktTreff.

Hauptkritikpunkt am schleswig-holsteinischen Modell ist die mangelnde Wirtschaftlichkeit vieler vor allem kleinerer Ortszentren. Betreiber und Menschen vor Ort seien somit politischen Unwägbarkeiten ausgeliefert – werden Mittel gekürzt oder gestrichen, sterben auch Nahversorgung und Dienstleistung vor Ort. Dieser Kritik gegenüber stehen 13 Jahre konstanter Ausbau der Markttreff-Idee. Der Impuls durch die Nahversorgung hat zahlreiche öffentliche, ehrenamtliche und gewerbliche Dienst- und Sozialleistungen nach sich gezogen, die von den Bürgerinnen und Bürgern dauerhaft vorangetrieben werden. Bislang ist noch kein Laden geschlossen worden.

„Ihr habt die Probleme, wir haben eine Idee, wie man sie gemeinsam angehen könnte“

Interview mit Christina Pfeiffer*

Frau Pfeiffer, Dorfläden als staatlich verordneter Segen – kann das gut gehen?

Christina Pfeiffer: Nein, das glaube ich nicht. Aber darum geht es gar nicht. Es geht immer darum, Konzepte gemeinsam mit den Betroffenen – also den Menschen vor Ort – zu entwickeln. Aber man kann von oben Impulse setzen, so wie wir es in Schleswig-Holstein gemacht haben und nach wie vor tun.

Ihre Landesregierung engagiert sich seit Ende der 90er-Jahre offensiv für die Nahversorgung im ländlichen Raum, also lange bevor die Themen Landflucht und demographischer Wandel in Mode kamen. Andere Bundesländer vertrauen bis heute auf das Engagement von Dorfbewohnern. Warum wurden Sie aktiv?

Bei uns liefen bereits Programme zur Dorfentwicklung, insofern wussten wir um die Herausforderungen und Problemlagen im ländlichen Raum. Schleswig-Holstein ist ein kleines Bundesland, da kommen Akteure schnell zusammen und Themen ebenso schnell aufs Tablett. Die Angst ging um vor Schlafdörfern, vor dem Ausbluten der kleinen Ortschaften. Als bundesweit das Vorhaben „Nachbarschaftsladen 2000“ lief, haben wir die Impulse daraus auf Landesebene heruntergebrochen; nach und nach entwickelte sich der Name „MarktTreff“. Multifunktionale Dorf-

* Christina Pfeiffer arbeitet im schleswig-holsteinischen Ministerium für Energiewende, Landwirtschaft, Umwelt und ländliche Räume und hat die „MarktTreffs“ mit aus der Taufe gehoben. Die 52 Jahre alte Agraringenieurin sagt, der Impuls von oben sei richtig und notwendig gewesen – mit Leben gefüllt hätten das Konzept die Menschen an der Basis. Lernen würden sie alle voneinander – nach wie vor.

zentren sind ein Baustein, ein Stück Verantwortung, um unsere Ortschaften lebensfähig zu halten.

Und dann sind Sie mit einem Konzept an die Bürgerinnen und Bürger herangetreten?

Nicht ganz. Am Anfang stand die Idee von kleinen dörflichen Dienstleistungszentren, also: möglichst viel an einem Ort zusammenfassen, damit man Synergien schafft. Die Kernfrage war: Was braucht der Ort? Was kann man unter einem Dach bündeln? Das wurde gemeinsam mit Bürgermeistern und Bevölkerung erörtert. Daraus ergab sich das Drei-Säulen-Modell: Lebensmittel, Dienstleistung und Kommunikation. Das schlägt sich auch im Namen nieder: Eine Kombination von Markt und Treff. Das Konzept hat sich bewährt.

Woher wussten Sie, wo so ein Dienstleistungszentrum gewünscht war?

Ach, wie gesagt, die Wege sind hier kurz, auch die der Kommunikation. Wo Bedarf war haben sich die Bürgermeister schon gemeldet – also oft da, wo der letzte Tante-Emma-Laden zugemacht hatte, die Gaststätte und auch die Bank- und Poststelle nicht mehr existierte. Sie wussten, dass sie mit ihren Problemen nach Kiel kommen können, und das haben sie auch gemacht. Wir haben gesagt: Wir haben eine Idee, wie man das angehen könnte. Letztlich haben wir 1999 mit vier Gemeinden angefangen; sie waren unsere Versuchskaninchen im positiven Sinne – es war ja immer ein lernendes Projekt, eines mit viel Ausprobieren, und mit Fehlern, die gemacht wurden.

Wo sind Sie in eine Sackgasse gelaufen, zum Beispiel?

Anfangs war IT ganz groß in Mode. Wir dachten, mit Hilfe der modernen Technik könnten wir die Versorgungsprobleme auf dem Land lösen. Für jeden MarktTreff musste also ein IT-Konzept entwickelt werden, das sich zum Beispiel dem Online-Einkauf und internetgestützten Dienstleistungen widmete. Zum Beispiel sollten die Menschen für bestimmte Dienst- und Behördenleistungen nicht mehr in die Amtsverwaltung oder Kreisstadt fahren müssen. Die Idee ging grandios schief. Wir kamen „von oben" mit unserer städtischen Denke, und die IT-Berater wurden dann einfach auf die Dorfbevölkerung losgelassen...die haben schon gar keine gemeinsame Sprache gefunden. Abgesehen davon, dass IT damals nicht das

Thema war für die Menschen vor Ort – die wollten sich ja begegnen, nicht ihr Leben übers Internet abwickeln. Das mit dem Internet haben auch andere probiert, Edeka zum Beispiel mit Terminals, über die bestellt wurde und dann wurden die Pakete in feste Stationen geliefert. Hat aber – zumindest auf dem Lande – auch nicht funktioniert.

Aber das Internetzeitalter ist inzwischen doch in seiner vollen Blüte – Sie waren womöglich Ihrer Zeit voraus!

Ja, Reste dieser Ursprungsidee sind auch geblieben. Aber nicht mehr mit Druck von oben. Die Initiative muss jetzt von unten kommen. Es gibt Markttreffs, in denen ein öffentlich zugänglicher Computer steht – dort bringen Jüngere den Senioren im Dorf das Internet nahe, zum Beispiel. Aber die Idee, den ländlichen Raum quasi online zu retten, die hat sich nicht durchgesetzt.

Zurück zum Kern, dem Drei-Säulen-Modell. Wer hat dafür bezahlt, und wer hat das Geld verteilt?

Die Gemeinden haben sich mit Konzepten beworben; sie sind die Zuwendungsempfänger für die Fördermittel. Diese Konzepte haben sie zusammen mit ihren Bürgern entwickelt. Gleichzeitig müssen die Gemeinden nachweisen, dass das Gesamtmodell auch wirtschaftlich tragfähig ist – nur vom Ehrenamt kann so ein Modell nicht leben, es muss eine Mischung aus privatem und öffentlichem Interesse sein plus bürgerschaftlicher Verantwortung. Wir im Landesministerium haben die Konzepte auf ihre Tragfähigkeit und Logik hin geprüft und die Gelder bewilligt. Förderfähig sind Planungs- und Baukosten, Infrastruktur und die Beratung. Den Betrieb selbst bezuschussen wir nicht.

Erinnern Sie sich noch an die ersten Papiere, die aus den Gemeinden kamen? Die Idee, der Impuls kam ja immerhin von Ihnen, also von oben. Ich könnte mir vorstellen, dass die Menschen „unten" zunächst misstrauisch waren und mit ihren Vorstellungen fremdelten.

Das nicht unbedingt, weil sie ja die Probleme vor Ort erlebten und für neue Ideen dankbar waren. Aber die Menschen waren anfangs total auf den Laden fixiert; wir aber wollten alle drei Bausteine kombiniert sehen. Die ersten Standorte, das war wirklich schwierig. Im Prinzip sind erst nach etwa vier Jahren die ersten richtig guten Modelle entwickelt worden, in denen Begegnung, Service und Nahversorgung tatsächlich an einem Ort gebündelt wurden.

Woher kommt das Geld?

Es gibt kein spezielles Förderprogramm, das sind unterschiedliche Töpfe. Es handelt sich teils um EU-Mittel, teils um Mittel aus der Bund-Länder-Gemeinschaftsgabe Agrarstruktur und Küstenschutz zur Förderung der ländlichen Entwicklung. Früher haben wir die MarktTreffs über das Ministerium gefördert. Seit 2009 werden die meisten Projekte in so genannten Aktiv-Regionen entschieden; letztere sind größere Gebiete mit bis zu 120.000 Einwohnern, sie erhalten Regionalbudgets und bestimmen selbst, wofür das Geld eingesetzt wird. Die Gemeinde ist für zwölf Jahre verantwortlich, den Verwendungszweck für die Fördermittel sicherzustellen. Wir im Ministerium besitzen die Marke MarktTreff und beraten, beziehungsweise lassen wir beraten. Alle drei Jahre schreiben wir das landesweite Projektmanagement für die MarktTreffs aus; dafür stehen zur Zeit jährlich etwa 8.000 Euro pro Standort zur Verfügung. Diese Manager betreuen die MarktTreffs, sie kümmern sich auch um die Vernetzung zwischen den Zentren und um Marketing sowie die Internetseiten. Zugleich sind sie quasi unsere Pressesprecher, die auf Landes- und Bundesebene für die MarktTreffs werben.

Der Gemeinde gehört also das Gebäude, sie bespielt einen Teil selbst – mit Treffs und Dienstleistungen – und vermietet einen Teil an Unternehmer, die einen Laden betreiben. Wie ist gewährleistet, dass letztere profitabel arbeiten? Wenn sich ein Mini-Nahversorger gelohnt hätte, wären findige Unternehmer doch vermutlich früher schon auf die Idee gekommen – und Tante Emma wäre nicht gestorben!

Es hängt viel von der Persönlichkeit der Betreiber ab – können sie die Dorfbewohner für sich gewinnen? Welchen unternehmerischen Hintergrund bringen sie mit? In der Tat haben die Betreiber fast überall zwischenzeitlich gewechselt. Das Risiko trägt letztlich die Gemeinde – sie muss im Zweifelsfall intervenieren, Geld zuschießen oder neue Betreiber suchen. Insgesamt profitieren die Unternehmer im Gegensatz zu früher vom Angebots-Mix an einer Stelle, eben den Synergieeffekten des Drei-Säulen-Modells – wenn die Touristeninformation und eine Bücherei mit im Haus ist, kaufen die Besucher gleich auch ein. Gleiches gilt für Bank-

und Postkunden. Vielerorts ergänzen Ehrenamtliche das Angebot, sei es mit Angeboten für Senioren, Kinder und Jugendliche oder mit Nachbarschaftshilfe, oder sie bieten Mittagessen an.

Auch hier gilt aber doch: Das hätten die Menschen vor Ort alles auch selbst anpacken können.

Haben sie aber nicht. Und deshalb kamen wir und haben den Impuls gesetzt! Auf einmal haben sich Leute engagiert, die in den bestehenden dörflichen Strukturen feststeckten und offenbar keine Motivation zum Mitmachen hatten. Sie haben zudem die Gemeinden als Rückgrat erlebt, das in schwierigen Zeiten Halt und Rat bot. Die ersten Aktiven strahlen dann auf ihr Umfeld aus – und so haben sich im Lauf der Zeit immer neue Ideen entwickelt und Menschen, die diese Ideen verwirklichen wollten. Das geht weiter so, wir sind ja noch längst nicht am Ende der Entwicklung angekommen.

Ohne Impuls von oben wäre es nicht gegangen?

Ich glaube bei uns in Schleswig-Holstein nicht, nein. Wir haben zwischenzeitlich versucht, die Bürgerinnen und Bürger für Genossenschaftslösungen zu begeistern, um sie auch finanziell in den Betrieb einzubinden. Bis auf einen Standort hat das aber wenig Anklang gefunden, so weit ging das Engagement dann zumindest bisher nicht.

Wenig verwunderlich – wenn ich weiß, dass das Geld auch von anderer Seite kommen kann, biete ich doch nicht mein eigenes an...welche Rolle spielt die Dachmarke „MarktTreff"?

Sie hat landesweit eine politische Bedeutung, denn wir machen damit darauf aufmerksam, dass wir uns dringend um das Thema Versorgung kümmern müssen, damit unsere Dörfer nicht veröden. Sie ist auch wichtig für die Psyche der Betreiber. Wir merken das, wenn Fachleute aus anderen Regionen die Dörfer besuchen: Die Menschen sind stolz auf ihre MarktTreffs. Wir als Land beobachten, dass wir mit der Marke identifiziert werden – es ist Marketing für uns, Bundeslandwirtschaftsministerin Frau Aigner war da und hat jetzt ein Bild von unserer Initiative und von dem, was wir hier machen. Für uns als kleines, strukturschwaches Bundesland am nördlichen Zipfel ist das bedeutsam. Im Land selbst machen die MarktTreffs gute Werbung für das Thema ländlicher Raum an und für sich – unser Förderbereich in der Landesregierung hat viel mehr Gewicht als früher.

Ausgangsidee war ja, etwas gegen den Trend hin zum Schlafdorf zu tun. Können Sie 13 Jahre nach Beginn der ersten MarktTreffs sagen, ob Ihre Bemühungen gefruchtet haben?

Das ist natürlich schwer zu messen. Ich habe den Eindruck, dass der Erfolg der MarktTreffs vielen Menschen Mut macht. In jüngerer Zeit engagieren sich zudem immer mehr Menschen in den Dorfzentren, die vorher kaum Interesse an der Gestaltung ihres Wohn- und Lebensumfelds zeigten. Im Norden des Landes zum Beispiel haben sich zwei Unternehmer als Betreiber angeboten, die ihr Geld mit Containern für Baustellen und Events verdienen. Sie sagten, sie täten das für ihre Kinder. Solche oder ähnliche finanziell unabhängige „Macher“ gibt es mittlerweile mehrfach, manche Einzelhändler betreiben die Läden auch als Filialen eines größeren Supermarkts. Solche MarktTreffs kriegen dann auch keine Förderung für den Nahversorgungsbereich; wenn er sich wirtschaftlich rechnet, dann gibt es nur Geld für die öffentliche Infrastruktur. Die Profibetreiber bringen außerdem ihre Erfahrungen ins Netzwerk ein und stützen damit andere, die weniger erfahren sind.

Wie hat denn der kommerzielle Einzelhandel reagiert?

Auf Lieferantenseite hat sich die Einstellung stark gewandelt. Anfangs mussten wir fast noch betteln, um an Ansprechpartner, Verträge, Waren zu kommen. Inzwischen haben wir beständige Partner bei verschiedenen Unternehmen – wir merken, dass sie inzwischen untereinander im Wettbewerb stehen. Auf Betreiberseite hat sich hingegen wenig verändert. Markttreffs sind in der Regel kleiner als 350 Quadratmeter, das ist für Supermärkte keine Konkurrenz, das sind auch keine Flächen, an denen sie überhaupt Interesse hätten. Und generell gilt: ein MarktTreff kann nicht gefördert werden, wenn sich ein vorhandener Laden dadurch bedroht fühlt. Aber wir beobachten, dass etablierte Supermärkte und damit einige Lieferanten nun auch versuchen, sich als Servicestelle zu präsentieren, mit Café und Dienstleistungen. Da haben wir wohl eine Vorreiterrolle übernommen.

Zwei Beispiele: Koberg und Gülzow

Ohne den Impuls vom Landesministerium gäbe es in **Koberg** bis heute keine frischen Brötchen, ist sich Johannes Kuhnhardt sicher. Der letzte Tante-Emma-Laden hatte Jahre zuvor geschlossen, die Menschen hatten sich an den Zustand gewöhnt. „Das musste von oben kommen, der politische Wille und das Geld waren entscheidend“, sagt Kuhnhardt. Der Karstadt-Manager im Ruhestand ist eines der Gründungsmitglieder des Vereins, den die Koberger für den Betrieb des neuen Zentrums ins Leben gerufen haben. Acht Jahre feilten sie am Konzept. Sie befragten die Bevölkerung, tagten mit dem Ministerium, erstellten betriebswirtschaftliche Analysen. Die Vorbereitung hat sich gelohnt: Der MarktTreff Koberg erfüllt offenbar die Bedürfnisse der Bewohner. Der Verein erwirtschaftete im vergangenen Jahr einen Überschuss. Auch der Betreiber der Lebensmittelsparte, ein Bäcker aus dem Nachbarort, ist mit seinem Umsatz zufrieden.

Das langgezogene und verwinkelte Dorf mit 700 Einwohnern liegt im weiteren Speckgürtel Hamburgs. Es gibt keinen Bahnanschluss, Busse fahren nur zu den Schulen in den nächstgelegenen Städten. Wer in Hamburg arbeitet, fährt mit dem Auto. Supermärkte sind fünf bis zehn Kilometer entfernt. Es gibt keinen Gasthof mehr, aber einen Kindergarten, der in den 1990er-Jahren aus einer Elterninitiative heraus entstand. Die Evangelische Kirche betreibt mittlerweile auch eine Kindertagesstätte.

Der MarktTreff ist in einem umgebauten Hof in der Ortsmitte untergebracht. Eine betagte Bäuerin verkaufte der Gemeinde das Anwesen mit einer Fläche von 250 Quadratmetern, als sie es selbst nicht mehr bewirtschaften konnte. Verein und Gemeinde bauten es um; Herzstück ist der Versammlungsraum, ein Fachwerkraum mit offenem Giebel, großen Eingangsfenstern und Empore. 120 Menschen finden darin Platz, es ist auch eine Bühne für die lokale Theatergruppe untergebracht. „Der Hauptwunsch der Koberger war ein Treffpunkt mit Kulturleben“, sagt Kuhnhardt.

Dem Ministerium hingegen sei es hauptsächlich um die Nahversorgung gegangen, so sein Eindruck. Dabei passte Koberg nicht ins klassische Supermarktschema, mit 700 Einwohnern schien die Kaufkraft zu gering und die umliegenden Dörfer orientieren sich eher hin zu den städtischen Angeboten. Koberg rutschte zufällig ins MarktTreff-Programm: Eigentlich war ein Dorf in der Nähe vorgesehen, dort wurden sich Gemeinde und Bevölkerung aber nicht einig. Koberg sagte spontan Ja. Der Bürgermeister trieb das Projekt voran. „Er hat die Leute angesprochen und zusammengeführt", erinnert sich Kuhnhardt. Letztlich entschlossen sich 30 Ehrenamtliche, in einer Aktionsgruppe mitzuwirken. Die Hälfte der Anlaufkosten musste die Gemeinde selbst aufbringen; laut Kuhnhardt waren es etwa eine halbe Million Euro vor allem für Entkernen und Sanieren des Gebäudes. Die Gemeinde musste dafür keinen Kredit aufnehmen.

Vor vier Jahren eröffnete der MarktTreff Koberg; weil es der 25. im Land war, kam auch der damalige Landwirtschaftsminister Christian von Bötticher (CDU). Die Nahversorgungs-Sparte beschränkt sich auf eine Bäckerei mit erweitertem Sortiment auf etwa 50 Quadratmetern. Der Bäcker hat seinen Hauptsitz im Nachbarort, so kann er spontan liefern oder individuellen Kundenwünschen nachkommen. In niedrigen Regalen bietet er Standardprodukte an, Käse, Wurst, Marmelade. Die Waren sind deutlich teurer als im Supermarkt – das Glas Nutella etwa kostet 2,49 Euro.

Lieferant ist Bartels Langnes, Obst und Gemüse (ebenfalls in kleiner Auswahl) kommt vom Fruchthof in Mölln. Einzig die Erdbeeren sind aus regionalem Anbau, wie ein Schild verrät. Die Wurst kommt von einer Schlachterei aus der Gegend.

An den Fenstern und auf dem großzügigen Vorplatz stehen Tische und Stühle; Verkäuferin Annett Sperling kocht Kaffee, belegt Brötchen und serviert Kuchen. „Das Café ist die Bühne des Dorfes geworden“, sagt Kuhnhardt. Annett Sperling ist so etwas wie das Herzstück des Ladens. Die quirlige, schlanke Frau arbeitet seit der Eröffnung in der Bäckerei. Ihren Obst- und Gemüseladen im benachbarten Nüsse hatte sie zuvor aufgegeben, nachdem ein neuer Supermarkt ihr Kundschaft geraubt hatte. „Koberg ist wie eine große Familie,

deswegen macht die Arbeit auch Spaß“, sagt Sperling. Sie kommt um halb sechs in der Früh. Der Treff hat bis 18 Uhr geöffnet, von 12 bis 14.30 Uhr ist Mittagspause. Die Verkäuferin fährt in dieser Zeit nach Hause, sie wohnt zehn Kilometer entfernt.

Dreimal in der Woche kochen Vereinsmitglieder oder weitere ehrenamtliche Helfer in der Küche des Veranstaltungsraums. Das Mittagessen bieten sie in einem liebevoll gestalteten, hellen Seitenraum an, eine Mahlzeit kostet 5,50 Euro. Kuhnhardt selbst ist öfter da, ihm gefällt der Service – man sitze zusammen und rede ein bisschen, anschließend gehe wieder jeder seiner Wege. Die restlichen Koberger sind zurückhaltend. Bis zu 20 Gäste kommen durchschnittlich, es könnten mehr sein. „Viele haben schon gesagt, kochen können wir noch selber“, sagt Kuhnhardt. Im engen Sozialgefüge des Dorfes kann es schnell negativ ausgelegt werden, wenn man sich bekochen lässt. Der Verein hofft indes, dass das Angebot mit der Zeit Kreise zieht – und je mehr Menschen kämen, desto selbstverständlicher werde es, ab und zu „außer Haus“ zu essen. Die Mitglieder holen Interessenten auch ab oder liefern Mahlzeiten auf Wunsch nach Hause.

10.000 Euro braucht der Verein pro Jahr, um den MarktTreff am Laufen zu halten. Den Hauptumsatz erzielt er mit Veranstaltungen und dem Verkauf von Getränken, der Bäcker zahlt Pacht. „Es geht auf Dauer nur, wenn es rentabel läuft“, ist Ex-Manager Kuhnhardt überzeugt. Er ist sich sicher, dass dies in Koberg dauerhaft gelingen kann: Mit dem Zuschnitt von Nahversorgung und dem kulturellen Angebot habe man die Bedürfnisse der Bevölkerung punktgenau getroffen. Mittlerweile zögen gar wieder Menschen neu ins Dorf, erzählt er, auch weil sie hier ein Grundsortiment an Lebensmitteln und ein Gemeinschaftsleben hätten. „Der MarktTreff ist unser Wahrzeichen geworden.“

30 Kilometer entfernt von Koberg, in Richtung Lauenburg an der Elbe, liegt **Gülzow**. Der MarktTreff ist ein Beispiel dafür, wie schwierig das Ausloten eines Angebots und wie wichtig versierte Menschen an der Spitze sind, die Dorfmehrheiten hinter sich versammeln können: Dreimal hat der Betreiber des Supermarkts in den vergangenen sechs Jahren gewechselt. Seit Herbst 2011 steht Uta Winter an der Spitze. Das langjährige Gemeinderatsmitglied, Mutter dreier Kinder, macht den Job ehrenamtlich. „Es ist schon so, dass ich jeden Tag da bin“, sagt sie. Ihre Motivation sei, dass „der Laden erhalten bleibt. Dafür kämpfe ich.“

In Gülzow leben 1.200 Menschen. Das Dorfzentrum liegt abseits der Hauptstraße, es ist ein wuchtiger Bau in dem für die Region typischen Backsteinrot. Im Erdgeschoss sind Supermarkt, Terrassencafé und Büroräume untergebracht; im ersten Stock ist Platz für Gemeinderäume und den Heimatverein, eine Wohnung ist an Mitarbeiter der Lebenshilfe vermietet. Außerdem kommt ein Arzt aus der nächstgelegenen Kleinstadt Büchen sechsmal in der Woche für zwei Stunden vorbei und bietet eine Sprechstunde an.

Den meisten Platz im MarktTreff indes nimmt mit knapp 100 Quadratmetern der Supermarkt ein. Vor dem Eingang ist ein Dutzend Parkplätze eingerichtet, an den Türen weisen Aufsteller auf Aktionsangebote hin. Drin ist das Geschäft klassisch aufgeteilt, mit Regalen an den Wänden und an der Seite sowie einer Frischetheke am rückwärtigen Ende. Dort führt ein Durchgang zum Café. Post oder andere Dienstleistungen gibt es nicht.

Der Standort ist als gemeinnützige GmbH konzipiert. Warum es mit dem vorigen Betreiber scheiterte, wollen die Nachfolger nicht so direkt erklären: Es habe „Unstimmigkeiten" gegeben, sagt Winter lediglich. Marktleiterin Sandra Menger erzählt später, vorher seien zu viele teure Waren im Sortiment gewesen, das habe keiner gekauft. Die Umsatzzahlen stimmten wohl nicht, so viel ist sicher. Selbst das gut laufende Catering, das die Frau des Betreibers anbot, machte die Einbußen im Laden nicht wett; schließlich entließ die Gemeinde als Eigentümerin den Betreiber. Ingwer Seelhoff, der die Gemeinde bei Aufbau und ersten Schritten des MarktTreffs beriet, spricht ebenfalls von der nicht stimmigen Chemie zwischen Supermarktchef und der Gemeinde. Das sei letztlich Auslöser für den Wechsel gewesen. Details will auch Seelhoff nicht nennen.

Was haben sie geändert seitdem? Winter sagt, sie hätten mehr regionale Waren ins Sortiment genommen. „Das, was der Kunde wünscht, wird angeboten." Sie erwähnt Kartoffeln, Spargel und Erdbeeren, Käse. Wenige Minuten später sagt Winter noch, dass Gülzow in einer Art abgespecktem Gürtel um Hamburg liege – es fehle die Klientel, die gern Geld für gutes Essen ausgibt. „Viele haben vieles im eigenen Garten." Wie passt das mit dem Fokus auf regionalen Produkten zusammen, die nun einmal teurer sind als Discountware? „Es ist in kleinem Rahmen gefragt, wir machen da nicht so die Spanne." Umsatzbringer seien eher die Frikadellen am Dienstag sowie die selbstgemachten Salate. Außerdem profitiere der Laden von Veranstaltungen, die mit Essen beliefert würden. Grundsätzlich sei es schwierig geblieben, den Laden zu erhalten. „Das geht nur mit Unterstützung der Gemeinde, auch mit finanzieller." Es bleiben Fragezeichen.

Winter bringt als Erfahrung das jahrelange Management ihrer eigenen Familie mit. Weder sie noch Marktleiterin Menger wissen, wie groß der Laden genau ist und wie viele Produkte gelistet sind. „Wie bestellen ja nur bei Bedarf, ich habe mich noch nie damit beschäftigt, wie viele Produkte hier im Laden stehen", sagt Menger. Die zweifache Mutter arbeitet seit sechs Jahren hier. Sie ist gelernte Bankkaufffrau, arbeitete zwischenzeitlich in einem Büro. Den Lohn im MarktTreff, der nicht zu den höchsten in der Branche zählt, akzeptiere sie. „Es ist wesentlich besser als auf 400 Euro-Basis." Menger arbeitet Teilzeit. Ihr gefällt das Familiäre an dem

Arbeitsplatz, die Stammgäste, die morgens zum Frühstücken kommen, weil es ihnen zu Hause zu einsam ist.

Genau darin sieht auch Berater Seelhoff die Stärke des Gülzower MarktTreffs: Dem Dorf sei eine Mitte zurückgegeben worden. Dass das Nahversorgungsangebot dabei wirtschaftlich auf wackeligen Beinen steht, wird hingenommen – das Konzept ist schließlich politisch gewollt.

Fazit und Ausblick

- **Dorfläden boomen.** In den letzten Jahren sind hunderte Land-Geschäfte und Dorfzentren entstanden; eine Statistik gibt es nicht. Unternehmensberater haben sich auf die neuen Einzelhändler und entsprechende Gründungen spezialisiert; sie sind zunehmend gefragt. Der Oberbayer Wolfgang Gröll etwa, früher bei der BBE Handelsberatung angestellt, legt in der Woche mehrere hundert Kilometer mit dem Auto zurück. Er hat seinen Aktionsradius von Bayern in den Osten erweitert, und seit kurzem ist er ein gefragter Experte für die Nachnutzung früherer Schlecker-Geschäfte. Gröll berät vom Anfangsgespräch über die Standortanalyse bis zum Abschluss der ersten Geschäftsjahre; nahezu alle dieser Läden haben überlebt. Volker Hahn in Oberfranken hat ein „Nahversorger-Institut“ mit mehreren Angestellten gegründet, auch Heinz Frey in Barmen hat mit Jürgen Spelthann einen Mitarbeiter, der ihn entlastet. Für die Projekte in Mecklenburg-Vorpommern, die das DORV-Team betreut, gibt es seit kurzem einen weiteren Angestellten. Günter Lühning in Otersen hat ein Dorfladen-Handbuch herausgegeben. Er pflegt ein virtuelles Dorfladen-Netzwerk, füttert einen Twitter-Account und eine Facebook-Seite. Medien berichten fortlaufend über die Land-Bewegung – von der Lokalzeitung bis hin zur Wirtschaftszeitschrift, dem Umsonst-Magazin in den ICEs der Deutschen Bahn und dem Deutschlandfunk: Dorfläden sind in Mode gekommen.
- **Moden gehen vorüber – und was bleibt?** Es wird sich zeigen, welche Projekte, welche Ansätze dauerhaft funktionieren. Dorfzentren können Entwicklungen durchaus beeinflussen – so können eine Nahversorgung und ein kulturelles und soziales Leben vor Ort den Zuzug etwa von Familien begünstigen. Wenn es Angebote für ein Gemeinschaftsleben gibt, mag der Umzug in ein zunächst fremdes Dorf leichter erscheinen. Dies gilt um so mehr bei Paaren und Familien, in denen einer das Stellenangebot hat und der oder die andere erst einmal mitzieht: Dorfzentren können Anker sein.

  Vielleicht geht manches Vorhaben unter, das rasch auf die Laden-Welle aufspringen will. Es ist fraglich, ob sich jeder leerstehende

Schlecker im Eiltempo in einen Dorfladen wandeln muss. Vielerorts wird das Bewusstsein für Lebensqualität weiterhin schlummern. Die fehlende Mitte wird nicht vermisst, der Einkauf im großen Supermarkt gilt als bequemer. Dann ist das so.

Oft hängt der Erfolg eines Geschäfts auch an einer Person, und wenn die ausfällt, stirbt der Laden gleich mit. Für viele Dorfläden wird wesentlich sein, ob das ehrenamtliche Engagement auf die nächste Generation übertragen werden kann.

- Ein Vergleich der unterschiedlichen Herangehensweisen ist schwierig, denn sie haben teils unterschiedliche Zielsetzungen. Wenn es etwa politisch erklärtes Ziel in Schleswig-Holstein ist, Dorfzentren zu initiieren und zu fördern, ist es nur logisch, dass das Land dauerhaft berät und unterstützt. Anderswo gelten staatliche Subventionen als unüblich.

Grundsätzlich kann ein angeleitetes Engagement durchaus erfolgreich sein. Bürgerinnen und Bürger bringen häufig Energie und Eifer mit, aber sie wissen nicht, wie genau sie diese einsetzen sollen. Werden sie von Fachleuten begleitet, wird die Einsatzbereitschaft in Bahnen gelenkt, kann das zum Vorteil aller Beteiligten gereichen. Mehr noch: Denn diese Bürgerinnen und Bürger werden Vorbilder für ihr soziales Umfeld. Sie sind Erfolgsbeispiele.

Wie der Einzelhandel reagiert

- *Edeka* und *Rewe* werben mit Kleinformat-Schienen wie „nah&gut“ und „nahkauf“, beide sind aber häufig auf größere Flächen als Dorfläden fokussiert. *Rewe* erklärt auf Nachfrage, einige hundert nahkauf-Läden mit Flächen von weniger als 400 Quadratmetern über selbstständige Kaufleute zu betreiben.
- *Tegut* hat mehrere kleine Geschäfte in ländlichen Gegenden gegründet und arbeitet dabei mit Vereinen vor Ort zusammen (s. Interview auf S. 154ff.).

- Spannend ist die Frage, **wie sich dünn besiedelte, zum Teil heute schon unterversorgte Landstriche entwickeln**. In Mecklenburg-Vorpommern etwa haben bisher die Siedlungsstruktur mit wenig zentralen Dörfern sowie das mangelnde Engagement der Bewohner eine breite Dorfladen-Bewegung gehemmt. Können staatliche Impulse wie in Schleswig-Holstein hier fruchten? Werden langfristig mobile private Versorger den Einzelhandel übernehmen, und andere Funktionen gleich mit – beispielsweise die Auslieferung von Medikamenten oder die Lieferung des Mittagessens für Senioren? In einer brandenburgischen Region fährt seit einigen Monaten auch die Verwaltung mit einem Bus durch die Dörfer: Die rollende Behörde. Anderswo soll in einem Modellprojekt getestet werden, ob ein Nahverkehrsbus auch Päckchen und Lebensmittel mitnehmen kann. Für Abwanderungsgebiete im Westen könnte Ähnliches in nicht allzu ferner Zukunft ebenfalls eine Lösung sein. Solche neuartigen, flexiblen Modelle zeigen gleichzeitig oft, dass **die bestehenden Gesetze nicht mehr zur Wirklichkeit passen** – ich denke an die Schwierigkeiten einer gemeinsamen Praxis verschiedener Fachärzte in Datterode oder die Hürden, wenn eben ein Bus Menschen und Waren gleichzeitig transportieren will. In Schweden ist so etwas längst die Regel – auch dort verlassen junge Menschen weite Landstriche ganz anderer Dimension, die ohnehin seit jeher dünn besiedelt sind.

- Ohnehin hat das Thema **Nahversorgung in Gegenden** eine andere Brisanz, in denen es einsam wird um die, die bleiben. Zweifelsohne sind Dorfläden in vielen Gegenden ein wichtiges und bereicherndes Plus in Leben und Alltag – aber nicht unbedingt eine Notwendigkeit. Wenn aber eine ältere Frau in einem brandenburgischen Flecken zwischen Berlin und Schwedt erzählt, dass sie während der Woche eine Einkaufsliste zusammenstellt, mit der sie ihre Tochter dann samstags zum Einkaufen schickt und die Tochter dafür aus dem 250 Kilometer entfernten Leipzig angefahren kommt – dann ist das eine andere Problemlage.
- Dazu passt die Erkenntnis, die ich zumindest aus den von mir besuchten Läden gewonnen habe: **Dorfläden funktionieren dort am besten, wo sie eine Bereicherung im kulturellen und sozialen sind.**
- Eine weitere interessante Entwicklung deutet sich an den DORV-Beispielen in Aachen und Düren an: **Dorfzentren werden zum Vorbild für städtische Vororte.** Auch dort fehlt häufig eine Mitte, droht die Verödung, die Ladenzeilen von Trabantenstädten sind verwaist. Viele in den vergangenen Jahren entstandene Wohnsiedlungen sehen im Übrigen ähnlich aus: Die Häuser wurden in Windeseile hochgezogen, die Infrastruktur wurde vergessen.

- Das Beispiel der Kleinstadt Hallstadt wiederum zeigt, dass in größeren Sozialgefügen ein angeleiteter Prozess in der Regel zielführender sein dürfte, als allein auf das Engagement „von unten“ zu setzen. Sei es, dass er von Vereinen oder von Gemeinden beziehungsweise Bürgermeistern ausgeht. Dabei ist es unabdingbar, die Bürgerinnen und Bürger von Anfang an einzubeziehen. Im Zweifelsfall nämlich stimmen sie mit ihren Einkaufswägen ab – und kaufen woanders ein, falls sie ihre Interessen nicht berücksichtigt fühlen.

Nachweis der Quellen und Fotos

Quellen

Braun, M.: Die Rückkehr des Dorfladens, DB Mobil 1/2010.

Etscheit, G.: Selbst ist der Kunde. Die Zeit, 29/2010.

Kuhlicke, C., Petschow, U. und H. Zorn: Versorgung mit Waren des Täglichen Bedarfs im ländlichen Raum. Studie für den Verbraucherzentrale Bundesverband e.V., Institut für ökologische Wirtschaftsforschung (IÖW), Berlin 2005.

http://www.bbsr.bund.de/cln_032/nn_21942/BBSR/DE/FP/ReFo/Raumordnung/2011/Nahversorgung/03__Ergebnisse.html, zuletzt abgerufen am 29. Juli 2012.

Weiterführende Links & Kontaktadressen:

www.dorfladen-netzwerk.de

www.regionalbewegung.de

Fotos

Aus Otersen von Günter Lühning

Aus Gelting vom Dorfladen Gelting

Alle anderen Fotos von Kristina Pezzei

Nachwort und Dank

Dieses Buch ist nach bestem Wissen und Gewissen sowie mit Sorgfalt entstanden. Etwaige Fehler im Detail, die sich dennoch eingeschlichen haben könnten, bitte ich zu entschuldigen. Für Angaben zu Orten und Öffnungszeiten übernehme ich keine Gewähr.

Der Band fußt auf einer Idee, die sich festsetzte. Ohne die stete Ermutigung, die Hilfen und Tipps von Wegbegleitern und Freunden wäre schwerlich ein Buch aus diesen Überlegungen geworden. Claus Dalchow vom ZALF in Müncheberg lieferte erste wertvolle Hinweise. Claudia Neu und Franz-Theo Gottwald waren konstruktive, kritische und motivierende Gesprächspartner und Mit-Entwickler der Idee. Ich rechne es der Schweisfurth-Stiftung hoch an, dass sie mir bei meinem Erstlingswerk so viel Vertrauen entgegenbrachte. Wolfgang Gröll, Axel Dosch und Winfried Eberhardt unterstützten mich mit praktischen Tipps und halfen bei der Recherche. Andrea Wagner opferte knapp bemessene Freizeit und erstellte die Übersichtskarte.

Der Rückhalt und die praktische sowie organisatorische Mithilfe meiner Familie waren unverzichtbar. Svenja Bergt und Gertrud Jutz-Schöne gaben als Lektorinnen entscheidende Impulse.

Ihnen allen sei von Herzen gedankt.

Der größte Blumenstrauß geht an die Protagonisten dieses Buches. Sie schenkten mir Zeit und ebenfalls Vertrauen, gewährten mir Einblicke in ihr Handeln und waren bereit auch über Herausforderungen und Probleme zu sprechen.

Ich wünsche allen größtmöglichen Erfolg für ihre Dorfläden und ihre künftigen Projekte. Die Besuche „auf dem Land“ bereiteten mir sehr viel Freude, sie waren stets inspirierend und motivierend.